한자능력 검정시험 대비

어휘력·문해력을 키워 주는

7급 한자

심경석 엮음 박지연 그림

왜 한자를 배워야 할까?

한자(漢字)는 중국의 글자입니다.
중국과 우리나라, 일본은 한자 문화권을 이루었습니다. 따라서 학문을 연구하더라도 한자를 모르면 깊이 들어가지 못하는 경우가 많습니다.
요즘 특히 강조하는 '문해력'은 글의 문장과 문맥을 이해하는 능력입니다. 문장을 정확히 파악하려면 한글과 한자어로 이루어진 낱말의 뜻을 잘 알아야 합니다.
따라서 낱말의 기본 요소이자 우리말의 많은 부분을 차지하는 '한자'를 익히는 것이 중요합니다.
한자는 한글이 만들어지기 전부터 오랫동안 사용해 우리나라 말의 70퍼센트를 이루고 있다고 합니다. 학교에서 공부할 때나 일상생활에서 대화할 때도 한자를 모르면 이해하기 어려운 표현들이 많습니다.
중국이 세계의 경제 대국이 되면서 가까운 이웃인 우리나라와 일본은 더욱 한자를 멀리할 수 없게 되었습니다.
중국어를 잘하거나 한자 실력이 좋은 사람은 취업할 때도 유리합니다.
사단법인 한국어문회(한국 한자능력검정회)에서 '한자능력 검정시험'을 통해 급수 자격을 주는 시험 제도를 만든 것도 한자 교육을 잘하자는 뜻에서입니다. 이 자격을 가진 사람에게 입학 시험에서 가산점을 주는 대학도 있고, 입사 시험에서 가산점을 주는 기업도 있습니다.
이러한 점에서 한자능력 검정시험 공부는 급수 자격을 딸 수 있어서뿐만 아니라 학교 교육을 받는 데 큰 도움이 되어 좋습니다.

1장

마을

1장에서 익혀요!

市 邑 洞 里
面 村 農 家

뜻 풀이	'시장'을 나타내는 글자입니다. 저자는 시장에서 물건을 파는 가게를 말합니다. 행정 구역상으로는 큰 도시를 뜻합니다(○○시).
쓰임	市內(시내): 시의 구역 안. <반의·상대어> 市外(시외) 市廳(시청): 시의 살림을 맡아 보는 관청.
필순	市 市 市 市 市

훈 저자 음 시

부수 巾

✏️ 필순에 따라서 市를 쓰고, 훈과 음을 달아 보세요.

市	市	市	市	市	市	市
저자 시						

쓰임 더 알아보기

- 市外(시외) 도시의 밖. 또는 시 구역 밖의 지역.
- 市長(시장) 지방 자치 단체인 시의 책임자.
- 市民(시민) 시(市)에 사는 사람.
- 市場(시장) 여러 가지 물건을 사고파는 곳.

문장 연습

- 市內 중심에 市廳이 있습니다.

공부한 날: _____월 _____일

훈 고을 **음** 읍

부수 邑

뜻 풀이 '고을'을 나타내는 글자입니다.
큰 도시는 시(市), 작은 도시는 읍(邑)이라고 합니다 (○○읍).

쓰임 邑內(읍내): 읍의 구역 안.
邑長(읍장): 읍의 살림을 맡아 보는 책임자.

필순 邑 邑 邑 邑 邑 邑 邑

✏️ 필순에 따라서 邑을 쓰고, 훈과 음을 달아 보세요.

邑	邑	邑	邑	邑	邑	邑	邑
고을 읍							

쓰임 더 알아보기

- 都邑(도읍) 한 나라의 중앙 정부가 있는 곳. 서울.
- 邑里(읍리) 읍과 촌락. 읍내에 속한 리(里).

문장 연습
- 할아버지는 邑長님을 만나러 가셨습니다.

공부한 날: ____월 ____일

洞

훈 고을 **음** 동

부수 水(氵)

뜻 풀이 '마을'을 나타내는 글자입니다. 주로 물(氵)가에 마을이 발달한 데서 '마을'을 뜻하게 되었습니다. '꿰뚫을 통'으로도 쓰입니다.

쓰임 洞長(동장): 동의 살림을 맡아 보는 책임자.
洞內(동내): 동의 구역 안.

필순 洞 洞 洞 洞 洞 洞 洞 洞 洞

✏️ 필순에 따라서 洞을 쓰고, 훈과 음을 달아 보세요.

洞	洞	洞	洞	洞	洞	洞
고을 동						

쓰임 더 알아보기

- 洞里(동리) 여러 집이 모여 사는 곳. 마을.
- 洞民(동민) 한동네에서 같이 사는 사람.

문장 연습

- 洞長님이 홍수 피해 입은 곳이 있는지 洞內를 둘러보았습니다.

공부한 날: ____월 ____일

里

훈 마을 음 리(이)
부수 里

뜻풀이 '마을'을 나타내는 글자입니다. 밭 전(田)에 흙 토(土)가 합쳐진 글자로 농사를 짓고 사는 마을을 뜻합니다. 里는 面(면)을 이루는 단위입니다.

쓰임 里長(이장): 마을일을 맡아 보는 책임자.
洞里(동리): 마을. 가장 작은 행정 구역.

필순 里 里 里 旦 旦 甲 里

✏️ 필순에 따라서 里를 쓰고, 훈과 음을 달아 보세요.

里	里	里	里	里	里	里
마을 리(이)						

쓰임 더 알아보기

- **千里**萬里(천리만리) 천 리 또는 만 리나 되는 아주 먼 거리.
- **千里**眼(천리안) 사물을 꿰뚫어 볼 수 있는 뛰어난 관찰력.
- 五**里**霧中(오리무중) '오 리나 되는 짙은 안개 속에 있다'는 뜻으로, 어떤 일에 갈피를 잡을 수 없음을 이르는 말.

문장 연습
- **里**長님이 주민에게 알리려고 마을 방송을 하였습니다.

※ 里가 낱말의 맨 처음에 오면 '이'로 읽습니다. <예> 里長(이장)

공부한 날: _____월 _____일

面

훈 낯 음 면

부수 面

뜻 풀이 '낯(얼굴)'을 나타내는 글자로 사람의 얼굴 모양을 본떠 만들었습니다. 행정 구역상으로는 도를 군으로 나누고 군을 면으로 나눕니다(○○도 ○○군 ○○면).

쓰임 面長(면장): 면의 살림을 맡아 보는 책임자.
假面(가면): 얼굴에 쓰는 탈.

필순 面 面 面 面 面 面 面 面 面

✏️ 필순에 따라서 面을 쓰고, 훈과 음을 달아 보세요.

面						
낯 면						

쓰임 더 알아보기

- 面面(면면) 각각의 여러 사람, 여러 얼굴. 또는 여러 면.
- 生面不知(생면부지) 한 번도 만난 적이 없어 서로 전혀 알지 못함.

문장 연습

- 마을 잔치에서 面長님이 假面을 쓰고 탈춤을 추었습니다.

공부한 날: _____ 월 _____ 일

훈 마을 **음** 촌

부수 木

뜻 풀이 '마을'을 나타내는 글자입니다. 나무 목(木)과 마디 촌(寸)이 합쳐진 글자로 농촌·어촌·산촌 같은 마을을 나타냅니다.

쓰임 山村(산촌): 산골 마을. <예> 山村의 겨울은 매우 춥다.
漁村(어촌): 고기잡이를 주로 하는 바닷가 마을.

필순 村 村 村 村 村 村 村

✏️ 필순에 따라서 村을 쓰고, 훈과 음을 달아 보세요.

村	村	村	村	村	村	村
마을 촌						

쓰임 더 알아보기

- 農村(농촌) 주민 대부분이 농사를 짓는 마을이나 지역.
- 村落(촌락) 시골의 마을.
- 江村(강촌) 강가에 있는 마을.

문장 연습
- 여름 방학 때 農村 체험 학습을 다녀왔습니다.

공부한 날: _____월 _____일

農

훈 농사 **음** 농

부수 辰

뜻 풀이: '농사'를 나타내는 글자입니다. 농부가 새벽 별(辰)을 보며 일찍부터 일한다는 뜻이 담겨 있습니다.

쓰임:
農事(농사): 논밭을 갈아 농산물을 재배하는 일.
農家(농가): 농사짓는 사람의 집. <예> 農家 소득

필순: 農農農農農農農農農農農農農

✏️ 필순에 따라서 農을 쓰고, 훈과 음을 달아 보세요.

農	農	農	農	農	農
농사 농					

쓰임 더 알아보기

- **農**民(농민) 농사를 생업으로 하는 사람.
- **農**場(농장) 농기구, 노동력, 일정한 설비를 갖추고 농업을 경영하는 곳.

문장 연습

- **農**家는 **農**事 때문에 늘 바쁘게 일합니다.

공부한 날: _____월 _____일

훈 집 **음** 가

부수 宀

뜻 풀이 '집'을 나타내는 글자입니다. 돼지(豕)가 집(宀) 안에 있는 모양을 본뜬 글자로 돼지우리를 뜻하다가 식구가 모여 있는 '집'을 나타내게 되었습니다.

쓰임 家族(가족): 한 가정을 이루는 사람들.
家庭(가정): 한 가족이 생활하는 집.

필순 家家家家家家家家家家

✏️ 필순에 따라서 家를 쓰고, 훈과 음을 달아 보세요.

家	家	家	家	家	家	家
집 가						

쓰임 더 알아보기

- 家門(가문) 가족 또는 가까운 일가로 이루어진 공동체.
- 家長(가장) 한 집안의 생계를 책임지고 이끌어 나가는 사람.

문장 연습
- 家族이 화목하게 지내는 집이 행복한 家庭입니다.

1장 마무리 문제

공부한 날: _____ 월 _____ 일

● 다음 문제에서 빨간색 漢字의 訓(훈)과 音(음)을 써 보세요.

★ 정답은 159쪽에 있습니다.

문 제	훈(뜻)	음(소리)
(1) 市장님이 학교에 오셨습니다.		
(2) 언니가 顔面(면)을 붉히며 화냈어요.		
(3) 里장님이 마을 방송을 하였습니다.		
(4) 가을엔 추수 때문에 農家가 바쁩니다.		
(5) 엄마와 洞사무소(주민센터)에 갔어요.		
(6) 선풍기를 사러 邑內(내)에 갔어요.		
(7) 우리 마을은 山村입니다.		
(8) 행복한 家庭(정)은 웃음이 많아요.		
(9) 面사무소를 새로 짓고 있어요.		
(10) 農村 들녘에 벼가 누렇게 익었습니다.		
(11) 洞장님도 함께 마을 청소를 하였어요.		
(12) 우리는 市外 버스를 탔습니다.		
(13) 우리 家族(족)은 네 명입니다.		
(14) 假(가)面을 쓰고 탈춤을 추었어요.		
(15) 할아버지는 邑장님을 만났습니다.		
(16) 남대문 市場(장)에는 물건이 많아요.		
(17) 저 식당은 洞內(내)에서 유명해요.		

1장 마무리 문제

공부한 날: _____ 월 _____ 일

● 다음 漢字의 訓(훈)과 音(음)을 例(예)에서 골라 그 번호를 써 보세요.

〈例〉 ① 집 가   ② 저자 시   ③ 마을 촌   ④ 고을 읍
       ⑤ 농사 농   ⑥ 고을 동   ⑦ 낯 면   ⑧ 마을 리

(18) 市 (　　　)　　(19) 邑 (　　　)
(20) 洞 (　　　)　　(21) 里 (　　　)
(22) 面 (　　　)　　(23) 家 (　　　)
(24) 農 (　　　)　　(25) 村 (　　　)

● 다음의 訓(훈)과 音(음)에 알맞은 漢字를 써 보세요.

(26)	(27)	(28)	(29)	(30)	(31)	(32)	(33)
마을 촌	마을 리	저자 시	집 가	고을 읍	농사 농	고을 동	낯 면

● 다음 漢字의 讀音(독음)을 써 보세요.

(34) 農 (　　　)　　(35) 洞 (　　　)　　(36) 市 (　　　)
(37) 村 (　　　)　　(38) 里 (　　　)　　(39) 家 (　　　)
(40) 面 (　　　)　　(41) 邑 (　　　)

● 다음 漢字의 뜻을 例(예)에서 골라 그 번호를 써 보세요.

〈例〉 ① 집   ② 마을   ③ 낯(얼굴)   ④ 고을   ⑤ 농사   ⑥ 저자

(42) 農 (　　)　(43) 村 (　　)　(44) 面 (　　)　(45) 家 (　　)
(46) 里 (　　)　(47) 市 (　　)　(48) 洞 (　　)　(49) 邑 (　　)

1장 마무리 문제

●다음 ㉠과 ㉡의 밑줄 친 글자에 두루 쓰이는 漢字를 例(예)에서 골라 그 번호를 써 보세요.

> 〈例〉 ①家 ②市 ③農 ④洞 ⑤面 ⑥村 ⑦里 ⑧邑

(50) (　　) ㉠ 시청 광장에서 축구 경기 응원을 하였다.
　　　　　 ㉡ 큰아버지가 시장에 당선되었다.

(51) (　　) ㉠ 읍내 장날에 사람들이 많이 모였다.
　　　　　 ㉡ 읍장님이 장날 구경을 하였다.

(52) (　　) ㉠ 할아버지가 이장님이 되었다.
　　　　　 ㉡ 면장님이 동리를 둘러보았다.

(53) (　　) ㉠ 생선을 사러 가까운 어촌에 갔다.
　　　　　 ㉡ 산촌의 겨울은 매우 춥다.

(54) (　　) ㉠ 가면을 쓰고 탈춤을 추었다.
　　　　　 ㉡ 면사무소는 우리 집에서 가깝다.

(55) (　　) ㉠ 식탁은 온 가족이 모이는 자리다.
　　　　　 ㉡ 농가에서 잔치가 벌어졌다.

●다음 빨간색 글자에 두루 쓰이는 漢字를 例(예)에서 골라 그 번호를 써 보세요.

> 〈例〉 ①里 ②市 ③面 ④家 ⑤村 ⑥邑 ⑦農 ⑧洞

(56) (　　) 동리 사람들이 이장님 댁에 모였습니다.
(57) (　　) 농가 마당에서 가족들이 열심히 일하였어요.
(58) (　　) 읍장님네 집은 읍내 동쪽에 있어요.
(59) (　　) 시내 중심지에 시장이 있습니다.

2장

방향

2장에서 익혀요!

上 下 左 右
出 入 前 後

공부한 날: _____ 월 _____ 일

훈 위 음 상

부수 一

뜻 풀이 '위'를 나타내는 글자입니다.
가로선(一)을 기준으로 그 위에 점을 찍어 '위'를 나타냅니다.

쓰임 上流(상류): 강이나 내의 위쪽. 생활 수준 따위가 높음.
上品(상품): 질이 좋은 물품. <반의·상대어> 下品(하품)

필순 上 上 上

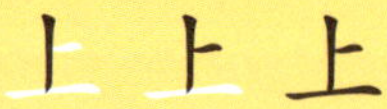

✏️ 필순에 따라서 上을 쓰고, 훈과 음을 달아 보세요.

上	上	上	上	上	上	上	上
위 상							

쓰임 더 알아보기

- 世**上**萬事(세상만사) 세상에서 일어나는 여러 가지 일.
- 天**上**天下(천상천하) '하늘 위와 하늘 아래'라는 뜻으로, 온 세상을 이르는 말.

문장 연습

- **上**流의 물이 맑아야 **下**流도 맑습니다.

공부한 날: _____월 _____일

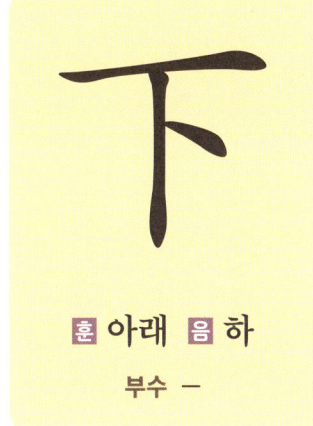

훈 아래 **음** 하
부수 —

뜻 풀이 '아래'를 나타내는 글자입니다. 가로선(一)을 기준으로 그 아래에 점을 찍어 '아래'를 나타냅니다.

쓰임 上下(상하): 위아래. <예> 上下가 모두 합심해야지.
下級生(하급생): 학년이 낮은 학생.
<반의·상대어> 上級生(상급생)

필순 下 下 下

✏️ 필순에 따라서 下를 쓰고, 훈과 음을 달아 보세요.

下	下	下	下	下	下	下	下
아래 하							

쓰임 더 알아보기
- 下流(하류) 강이나 내가 흘러가는 아래쪽.
- 下山(하산) 산에서 내려감.

문장 연습
- 上級生이 下級生을 친절하게 도왔습니다.

7급

공부한 날: _____ 월 _____ 일

훈 왼쪽 **음** 좌
부수 工

뜻풀이: '왼쪽'을 나타내는 글자입니다. 목수(工)가 왼손에 자를 들고서 일하는 모양을 본뜬 글자입니다.

쓰임:
左側(좌측): 왼편. 왼쪽. <반의·상대어> 右側(우측)
左之右之(좌지우지): 제 마음대로 다루거나 휘두름.

필순: 左 左 左 左 左

✏️ 필순에 따라서 左를 쓰고, 훈과 음을 달아 보세요.

左	左	左	左	左	左	左
왼쪽 좌						

쓰임 더 알아보기

- 左右(좌우) 왼쪽과 오른쪽을 한데 이르는 말.
- 左向左(좌향좌) 바로 서 있는 상태에서 몸을 왼쪽으로 90도 틀어 돌아서는 동작.

문장 연습
- 左側으로 가면 바다고, 右側으로 가면 학교가 나옵니다.

공부한 날: _____ 월 _____ 일

훈 오른쪽 **음** 우

부수 口

뜻 풀이 '오른쪽'을 나타내는 글자입니다.
오른손만으로 모자라 입(口)으로 돕는다는 데서 '돕다'
를 뜻하다가 '오른쪽'을 뜻하게 되었습니다.

쓰임 右便(우편): 오른편. <반의·상대어> 左便(좌편)
右手(우수): 오른손. <반의·상대어> 左手(좌수)

필순 右 右 右 右 右

✏️ 필순에 따라서 右를 쓰고, 훈과 음을 달아 보세요.

右	右	右	右	右	右	右
오른쪽 우						

쓰임 더 알아보기

- 右往左往(우왕좌왕) 올바른 방향을 잡거나 차분하지 못하고 이리저리 왔다갔다 함.
- 座右銘(좌우명) 가르침으로 삼는 말이나 문구.

문장 연습
- 밥을 **右手**로 먹지 않고 **左手**로 먹는 사람도 있습니다.

7급

공부한 날: _____ 월 _____ 일

훈 날 음 출

부수 凵

뜻 풀이 '나가다'의 뜻을 나타내는 글자입니다.
풀과 나무가 계속 자라서 위로 올라가는 데서 '나가다', '나다'를 뜻합니다.

쓰임 出發(출발): 길을 떠남. 일의 시작.
出國(출국): 다른 나라로 떠남. <반의·상대어> 入國(입국)

필순 丨 凵 屮 出 出

✏️ 필순에 따라서 出을 쓰고, 훈과 음을 달아 보세요.

出	出	出	出	出	出	出
날 출						

쓰임 더 알아보기

- 出生(출생) 사람이 세상에 태어남.
- 日出(일출) 해가 뜸. 해돋이.

문장 연습

- 出國하는 비행기가 오전 10시에 出發합니다.

공부한 날: _____ 월 _____ 일

훈 들 음 입

부수 入

뜻 풀이 '들어가다'의 뜻을 나타내는 글자입니다. 하나의 줄기 밑에 뿌리가 갈라져 땅속으로 뻗어 들어가는 모양을 본뜬 글자입니다.

쓰임 入學(입학): 학교에 들어가 학생이 됨.
入口(입구): 들어가는 어귀. <반의·상대어> 出口(출구)

필순 入 入

필순에 따라서 入을 쓰고, 훈과 음을 달아 보세요.

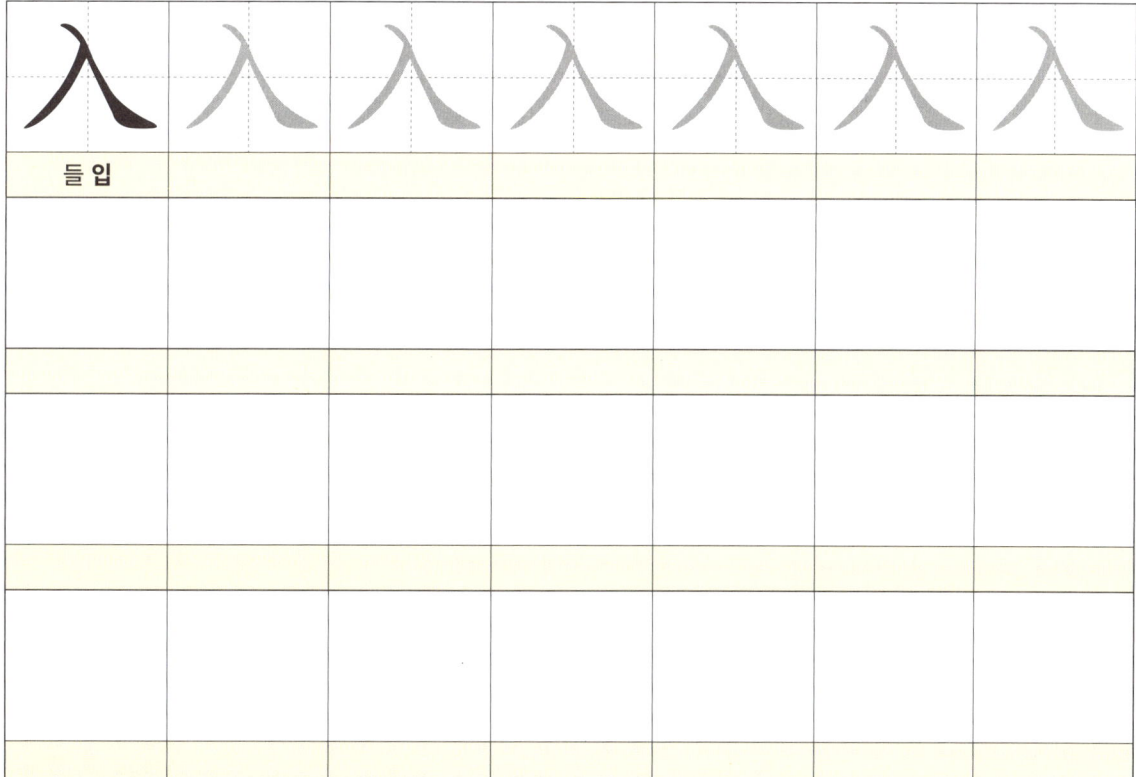

쓰임 더 알아보기

- **入**室(입실) 건물 안의 방이나 교실, 병실 따위에 들어감.
- **入**場(입장) 식장이나 경기장 따위의 안으로 들어감.

문장 연습
- **入**口로 들어가서 **出**口로 나와야 합니다.

뜻풀이 '앞'을 나타내는 글자입니다.
배(舟→月)를 묶어 놓은 밧줄을 칼(刀→刂)로 끊으면 배가 앞으로 나아가는 데서 '앞', '먼저'를 뜻합니다.

쓰임 前後(전후): 앞뒤. <예> 적군이 前後에 나타났다.
午前(오전): 밤 12시부터 낮 12시까지의 사이.

필순 前 前 前 前 前 前 前 前 前

✏️ 필순에 따라서 前을 쓰고, 훈과 음을 달아 보세요.

前	前	前	前	前	前	前
앞 전						

쓰임 더 알아보기

- 前年(전년) 올해의 바로 앞의 해.
- 前無後無(전무후무) 전에도 없었고 앞으로도 있을 수 없음.

문장 연습
- 사나운 개들이 前後에 버티고 있습니다.

공부한 날: _____월 _____일

훈 뒤 음 후
부수 彳

- 뜻 풀이: '뒤'를 나타내는 글자입니다.
조금씩 걸어(彳+幺+夂) 앞으로 간다는 데서 '뒤', '뒤지다'를 뜻합니다.

- 쓰임: 最後(최후): 맨 마지막. 목숨이 다할 때.
食後(식후): 식사한 뒤. <예> 食後에 과일을 먹었다.

- 필순: 後後後後後後後後後

✏️ 필순에 따라서 後를 쓰고, 훈과 음을 달아 보세요.

後	後	後	後	後	後
뒤 후					

쓰임 더 알아보기
- 後進(후진) 자동차 따위가 뒤쪽으로 나아감. 발달이 뒤짐.
- 後悔(후회) 이전의 잘못을 깨달아 뉘우침.

문장 연습
- 食後에 다시 모여 그의 最後 이야기를 들었습니다.

2장 마무리 문제

공부한 날: _____ 월 _____ 일

● 다음 문제에서 빨간색 漢字의 訓(훈)과 音(음)을 써 보세요.

★ 정답은 159쪽에 있습니다.

문 제	훈(뜻)	음(소리)
(1) 물은 上流에서 下流로 흐릅니다.		
(2) 入口로 들어가서 出口로 나와요.		
(3) 나는 午後에 학원에 갑니다.		
(4) 동생이 초등학교에 入學하였습니다.		
(5) 出國하는 비행기에 탑승했습니다.		
(6) 투수는 공을 左手로 던졌습니다.		
(7) 이 사과는 上品이라 비쌉니다.		
(8) 학생들은 出入할 수 없습니다.		
(9) 나는 下級生을 도와주었습니다.		
(10) 우리가 탄 버스가 出發하였어요.		
(11) 길을 건널 때는 먼저 左右를 살펴야지.		
(12) 적군이 前後에서 몰려왔습니다.		
(13) 대감이 下人을 꾸짖었습니다.		
(14) 내 동생이 出生하였습니다.		
(15) 나는 주로 右手를 사용합니다.		
(16) 下品인 사과는 팔 수 없습니다.		
(17) 아버지가 병원에 入院하였어요.		

2장 마무리 문제

공부한 날: ____ 월 ____ 일

● 다음의 訓(훈)과 音(음)에 알맞은 漢字를 써 보세요.

(18)	(19)	(20)	(21)	(22)	(23)	(24)	(25)
날 출	뒤 후	위 상	앞 전	오른쪽 우	아래 하	들 입	왼쪽 좌

● 다음 漢字의 讀音(독음)을 써 보세요.

(26) 前 (　　)　　(27) 上 (　　)　　(28) 左 (　　)　　(29) 出 (　　)
(30) 右 (　　)　　(31) 後 (　　)　　(32) 下 (　　)　　(33) 入 (　　)

● 다음 漢字의 訓(훈)과 音(음)을 例(예)에서 골라 그 번호를 써 보세요.

〈例〉
① 뒤 후　② 오른쪽 우　③ 날 출　④ 아래 하
⑤ 앞 전　⑥ 위 상　⑦ 들 입　⑧ 왼쪽 좌

(34) 上 (　　)　　(35) 出 (　　)　　(36) 前 (　　)　　(37) 入 (　　)
(38) 下 (　　)　　(39) 左 (　　)　　(40) 右 (　　)　　(41) 後 (　　)

● 다음 밑줄 친 글자의 뜻에 알맞은 漢字를 例(예)에서 골라 그 번호를 써 보세요.

〈例〉　① 入　② 上　③ 後　④ 出　⑤ 前　⑥ 左　⑦ 下　⑧ 右

상(42)급생들은 오후(43)에 공부가 끝나지만 하(44)급생들은 오전(45)에 끝납니다. 차는 우(46)편으로 가고, 사람은 좌(47)편으로 갑니다. 올해 초등학교에 입(48)학한 동생이 지하철역 출(49)구에서 기다렸습니다.

(42) 상 (　　)　　(43) 후 (　　)　　(44) 하 (　　)　　(45) 전 (　　)
(46) 우 (　　)　　(47) 좌 (　　)　　(48) 입 (　　)　　(49) 출 (　　)

2장 마무리 문제

● 다음 ( ) 안에 알맞은 답을 例(예)에서 골라 그 번호를 써 보세요.

〈例〉 ① 아래 ② 뒤 ③ 들어가다 ④ 왼쪽
　　　⑤ 상   ⑥ 우 ⑦ 전   ⑧ 출

(50) 左는 (　　) 이라는 뜻으로 쓰입니다.
(51) 後는 (　　) 라는 뜻으로 쓰입니다.
(52) 入은 (　　) 라는 뜻으로 쓰입니다.
(53) 下는 (　　) 라는 뜻으로 쓰입니다.
(54) 出은 (　　) 이라고 읽습니다.
(55) 前은 (　　) 이라고 읽습니다.

● 다음 밑줄 친 글자에 두루 쓰이는 漢字를 例(예)에서 골라 그 번호를 써 보세요.

〈例〉 ①下 ②前 ③出 ④上 ⑤後 ⑥入 ⑦右 ⑧左

(56) (　　) 오전 11시에 역전에서 만났습니다.
(57) (　　) 사람이 출입하는 출구를 찾았습니다.
(58) (　　) 상류 쪽에서 나는 사과가 상품이었습니다.
(59) (　　) 입학생들이 교실로 입실하였습니다.
(60) (　　) 오후 2시에 후문에서 만나자.
(61) (　　) 우수로 우편을 가리켰습니다.
(62) (　　) 하급생에게 상중하의 뜻이 무엇인지 가르쳐 주었습니다.
(63) (　　) 좌측 통행은 길을 갈 때 좌편(왼쪽)으로 가는 것을 말합니다.

3장

자연(1)

3장에서 익혀요!

自 然 天 地
春 夏 秋 冬

7급

공부한 날: _____월 _____일

훈 스스로 **음** 자

부수 自

뜻 풀이 '스스로'의 뜻을 나타내는 글자입니다.
사람의 코 모양을 본뜬 글자로 코가 스스로 숨을 쉬는 데서 '스스로'를 뜻하게 되었습니다.

쓰임 自信(자신): 자기 능력이나 가치를 믿음.
自習(자습): 스스로 배워서 익힘. <예> 아침 自習

필순 自 自 自 自 自 自

✏️ 필순에 따라서 自를 쓰고, 훈과 음을 달아 보세요.

自	自	自	自	自	自	自
스스로 자						

쓰임 더 알아보기

- 自手成家(자수성가) 물려받은 재산 없이 자기 힘으로 집안을 일으키고 재산을 모음.
- 自己(자기) 그 사람 자신.

문장 연습

- 아침 自習 문제는 쉬워서 自信 있었습니다.

공부한 날: ____월 ____일

훈 그럴 **음** 연

부수 火(灬)

뜻 풀이 '그러하다'의 뜻을 나타내는 글자입니다.
개(犬)고기(肉→月)를 불(火→灬)에 굽는 모양을 본떠 만든 글자입니다.

쓰임 自然(자연): 사람의 힘을 더하지 않은 천연 그대로.
天然(천연): 사람의 힘을 더하지 않은 상태.

필순 然 然 然 然 然 然 然 然 然 然 然 然

✏️ 필순에 따라서 然을 쓰고, 훈과 음을 달아 보세요.

然	然	然	然	然	然	然
그럴 연						

쓰임 더 알아보기

- **果然**(과연) 아닌 게 아니라 정말로. 결과적으로 사실로.
- **偶然**(우연) 뜻하지 않게 일어난 일.
- **本然**(본연) 사물이나 현상이 본디부터 가지고 있음.

문장 연습
- **自然**의 아름다움은 **天然** 자원에 있으니 잘 보호해야 합니다.

7급

공부한 날: _____월 _____일

훈 하늘　음 천

부수 大

뜻 풀이 '하늘'을 나타내는 글자입니다.
양 팔을 편 사람(大)의 위(一)에 있는 것이 넓은 하늘이라는 뜻입니다.

쓰임 天國(천국): 사람이 상상하는 이상적인 하늘나라.
天使(천사): 하늘나라의 심부름꾼.

필순 天 二 天 天

✏️ 필순에 따라서 天을 쓰고, 훈과 음을 달아 보세요.

天	天	天	天	天	天	天
하늘 천						

쓰임 더 알아보기

- 天地間(천지간) 하늘과 땅 사이. 사람들이 사는 이 세상.
- 天下第一(천하제일) 세상에서 가장 좋거나 중요한 것.

문장 연습
- 天國에서 天使들이 내려와 행복한 王子(왕자)를 데려갔습니다.

공부한 날: _____월 _____일

地

훈 땅 **음** 지
부수 土

뜻 풀이 '땅'을 나타내는 글자입니다.
똬리를 튼 큰 뱀(也)이 꿈틀거리듯 땅(土)이 굴곡된 데서 땅을 나타내게 되었습니다.

쓰임 地球(지구): 인류가 살고 있는 천체.
地下(지하): 땅속. <예> 地下 철도

필순 地 地 地 地 地 地

✏️ 필순에 따라서 地를 쓰고, 훈과 음을 달아 보세요.

地	地	地	地	地	地	地
땅 지						

쓰임 더 알아보기

- 地上(지상) 땅의 위. 이 세상.
- 地面(지면) 땅의 표면, 땅바닥.
- 地名(지명) 마을이나 지방, 산천 등의 이름.

문장 연습

- 우리가 살고 있는 地球는 태양의 주위를 돌고 있습니다.

훈 봄 **음** 춘

부수 日

뜻풀이 '봄'을 나타내는 글자입니다.
햇볕(日)을 받아 새싹이 돋아나기 시작하는 계절인 '봄'을 뜻합니다.

쓰임 春風(춘풍): 봄바람.
靑春(청춘): 젊은이. <예> 靑春 남녀

필순 春 春 春 春 春 春 春 春 春

✏️ 필순에 따라서 春을 쓰고, 훈과 음을 달아 보세요.

春	春	春	春	春	春	春
봄 춘						

쓰임 더 알아보기

- 立春大吉(입춘대길) 입춘을 맞이해 길운을 바란다는 뜻으로, 대문이나 기둥에 써 붙이는 글귀.
- 二八靑春(이팔청춘) 16세 무렵의 젊은 시절.
- 一場春夢(일장춘몽) 덧없음을 비유적으로 이르는 말.

문장 연습

- 春風이 부는 날 靑春 남녀가 들놀이를 나왔습니다.

공부한 날: ____월 ____일

훈 여름 **음** 하

부수 夂

뜻풀이 '여름'을 나타내는 글자입니다.
더워서 머리(頁)와 다리(夂)를 모두 드러낸다는 데서 '여름'을 뜻합니다.

쓰임 夏節(하절): 여름철. <예> 夏節에는 전염병에 주의하자.
夏至(하지): 일 년 중 낮의 길이가 가장 긴 절기.

필순 夏 夏 夏 夏 夏 夏 夏 夏 夏 夏

✏️ 필순에 따라서 夏를 쓰고, 훈과 음을 달아 보세요.

夏						
여름 하						

쓰임 더 알아보기

- **夏**季(하계) 여름의 시기.
- 立**夏**(입하) 24절기의 하나. 여름이 시작되는 때로 양력 5월 5일경.

문장 연습
- **夏**節에는 **冬節**(동절)에 비하여 전염병이 많습니다.

훈 가을 **음** 추

부수 禾

뜻풀이 '가을'을 나타내는 글자입니다.
뜨거운 햇볕(火)에 잘 익은 벼(禾)를 거두어들이는 계절이라 하여 '가을'을 뜻합니다.

쓰임 秋夕(추석): 한가위. 음력 8월 15일 명절.
秋收(추수): 가을에 익은 곡식을 거두어들이는 일.

필순 秋 秋 秋 秋 秋 秋 秋 秋 秋

✏️ 필순에 따라서 秋를 쓰고, 훈과 음을 달아 보세요.

秋	秋	秋	秋	秋	秋	秋
가을 추						

쓰임 더 알아보기

- 秋分(추분) 24절기의 하나. 밤과 낮의 길이가 같다는 가을로 양력 9월 23일경.
- 春夏秋冬(춘하추동) 봄·여름·가을·겨울 네 계절을 아울러 이르는 말.

문장 연습
- 農村의 가을은 秋夕 명절과 秋收 때가 가장 기쁩니다.

공부한 날: _____월 _____일

훈 겨울 음 동

부수 夂

뜻 풀이 '겨울'을 나타내는 글자입니다.
사계절 중 가장 늦게 오는(夂), 얼음(冫)이 어는 계절이라 하여 '겨울'을 뜻합니다.

쓰임 冬至(동지): 일 년 중 밤의 길이가 가장 긴 절기.
冬季(동계): 겨울철. <예> 冬季 올림픽

필순 冬 冬 冬 冬 冬

✏️ 필순에 따라서 冬을 쓰고, 훈과 음을 달아 보세요.

冬	冬	冬	冬	冬	冬	冬	冬
겨울 동							

쓰임 더 알아보기

- 立冬(입동) 24절기의 하나. 겨울이 시작되는 때로 양력 11월 7일이나 8일경.
- 冬眠(동면) 동물이 활동을 멈추고 잠자는 것처럼 땅속 따위에서 겨울을 보내는 일.

문장 연습

- 夏至(하지)는 6월 21일경이며 일 년 중 낮이 가장 길고 밤이 가장 짧아요.
  冬至는 12월 22일이나 23일이며 일 년 중 밤이 가장 길고 낮이 가장 짧아요.

3장 마무리 문제

●다음 문제에서 빨간색 漢字의 訓(훈)과 音(음)을 써 보세요.

★ 정답은 159쪽에 있습니다.

문 제	훈(뜻)	음(소리)
(1) 어려운 문제를 풀자 自信이 생겼다.		
(2) 농촌의 가을은 秋收로 바쁩니다.		
(3) 冬季 올림픽이 열리는 해입니다.		
(4) 夏節에는 음식을 조심해야 합니다.		
(5) 靑春 남녀가 모여서 축제를 하였다.		
(6) 天國과 天使는 정말 있을까?		
(7) 우리나라는 天然 가스를 수입합니다.		
(8) 아침 自習 문제가 어려웠습니다.		
(9) 地球는 태양 주위를 도는 천체입니다.		
(10) 夏至는 낮이 가장 긴 절기입니다.		
(11) 冬至는 밤이 가장 긴 절기입니다.		
(12) 시내에 나갈 때는 地下철이 빠르다.		
(13) 自然 보호에 관한 표어를 지었어요.		
(14) 내일부터 夏季 방학이 시작됩니다.		
(15) 秋夕에는 할머니 댁에 갈 것입니다.		
(16) 봄볕에 얼었던 大地가 녹았습니다.		
(17) 自己 일은 自己 스스로 해야 합니다.		

3장 마무리 문제

공부한 날: _____ 월 _____ 일

● 다음의 訓(훈)과 音(음)에 알맞은 漢字를 써 보세요.

(18) 여름 하	(19) 하늘 천	(20) 스스로 자	(21) 겨울 동	(22) 그럴 연	(23) 봄 춘	(24) 땅 지	(25) 가을 추

● 다음 漢字의 讀音(독음)을 써 보세요.

(26) 天 (   )　　(27) 冬 (   )　　(28) 春 (   )
(29) 秋 (   )　　(30) 然 (   )　　(31) 地 (   )
(32) 夏 (   )　　(33) 自 (   )

● 다음 漢字의 訓(훈)과 音(음)을 例(예)에서 골라 그 번호를 써 보세요.

〈例〉　① 땅 지　② 여름 하　③ 하늘 천　④ 스스로 자
　　　⑤ 겨울 동　⑥ 그럴 연　⑦ 가을 추　⑧ 봄 춘

(34) 秋 (   )　　(35) 天 (   )　　(36) 春 (   )
(37) 然 (   )　　(38) 冬 (   )　　(39) 自 (   )
(40) 地 (   )　　(41) 夏 (   )

● 다음 빈 칸에 알맞은 漢字를 써 보세요.

(42) 봄	(43) 여름	(44) 가을	(45) 겨울

3장 마무리 문제

공부한 날: ____월 ____일

● 다음 ( ) 안에 알맞은 답을 例(예)에서 골라 그 번호를 써 보세요.

〈例〉 ① 하늘 ② 가을 ③ 땅 ④ 여름 ⑤ 춘 ⑥ 연 ⑦ 동 ⑧ 자

(46) 春은 (   )이라고 읽습니다.
(47) 自는 (   )라고 읽습니다.
(48) 冬은 (   )이라고 읽습니다.
(49) 然은 (   )이라고 읽습니다.
(50) 地는 (   )이라는 뜻입니다.
(51) 天은 (   )이라는 뜻입니다.
(52) 夏는 (   )이라는 뜻입니다.
(53) 秋는 (   )이라는 뜻입니다.

● 다음 ㉠과 ㉡의 밑줄 친 글자에 두루 쓰이는 漢字를 例(예)에서 골라 그 번호를 써 보세요.

〈例〉 ①春 ②冬 ③天 ④自 ⑤秋 ⑥然 ⑦夏 ⑧地

(54) (   ) ㉠ 나는 꿈에 천사들의 노랫소리를 들었어요.
         ㉡ 네가 천국 꿈을 꾸었구나.
(55) (   ) ㉠ 우리 집은 내일부터 추수를 해요.
         ㉡ 이번 추석에는 할아버지 산소에 가기로 했어요.
(56) (   ) ㉠ 날씨가 더우니 내일부터 하복을 입고 오너라.
         ㉡ 하절기가 되니 땀이 많이 나는구나.
(57) (   ) ㉠ 나는 동생이랑 지하실에 가서 놀았어요.
         ㉡ 지하철은 시원하고 빠릅니다.

4장

자연(2)

4장에서 익혀요!

江 川 海 空
花 草 植 林 動 物

공부한 날: ____월 ____일

江

훈 강/물 **음** 강

부수 水(氵)

뜻 풀이 '강'을 나타낼 때는 '강 강'이라 하고, '물'을 나타낼 때는 '물 강'이라고 합니다. 대체로 '강'을 나타냅니다.

쓰임 江山(강산): 강과 산.
江北(강북): 강의 북쪽. <반의·상대어> 江南(강남)

필순 江 江 江 江 江 江

✏️ 필순에 따라서 江을 쓰고, 훈과 음을 달아 보세요.

江	江	江	江	江	江	江
강/물 **강**						

쓰임 더 알아보기

- 漢江(한강) 우리나라 중부를 흐르는 강.
- 江邊(강변) 강의 가장자리에 잇닿아 있는 땅. 강가.

문장 연습
- 江邊 갈대 숲에 새들이 둥지를 틀고 알을 낳았습니다.

공부한 날: _____월 _____일

훈 내 음 천

부수 巛

뜻 풀이 '내'의 뜻을 나타내는 글자입니다.
양쪽 기슭 사이로 시냇물이 흐르는 모양을 본떠 만든 글자입니다.

쓰임 河川(하천): 시내. 강. <예> 홍수로 河川이 넘치려고 해.
小川(소천): 자그마한 내.

필순 丿 川 川

✏️ 필순에 따라서 川을 쓰고, 훈과 음을 달아 보세요.

川	川	川	川	川	川	川
내 천						

쓰임 더 알아보기

- 山川(산천) 산과 내를 아울러 이르는 말.
- 山川草木(산천초목) '산과 내와 풀과 나무'라는 뜻으로, 자연을 이르는 말.

문장 연습
- 川은 물이 흐르는 모양을 본떠서 만든 상형 문자입니다.

海

훈 바다 **음** 해

부수 水(氵)

뜻 풀이: '바다'를 나타내는 글자입니다.
항상(每) 물(氵)이 마르지 않고 가득한 곳이라는 데서 '바다'를 나타냅니다.

쓰임:
海軍(해군): 바다를 지키는 군대.
海草(해초): 바다에서 나는 풀. 바다풀.

필순: 海 海 海 海 海 海 海 海 海 海

✏️ 필순에 따라서 海를 쓰고, 훈과 음을 달아 보세요.

海	海	海	海	海	海	海
바다 해						

쓰임 더 알아보기

- 海外(해외) 바다 밖이라는 뜻으로, 다른 나라를 가리킴.
- 人山人海(인산인해) 사람이 수없이 많이 모인 것을 산이나 바다에 비유해 이르는 말.

문장 연습

- 海軍은 군함을 타고 바다를 지키는 군대입니다.

공부한 날: _____ 월 _____ 일

空

훈 빌 **음** 공

부수 穴

뜻풀이 '비다'의 뜻을 나타내는 글자입니다.
땅에 구멍(穴)을 만들면(工) 속이 빈다는 뜻이며 '하늘 공'으로도 쓰입니다.

쓰임 空軍(공군): 하늘을 지키는 군대.
空中(공중): 하늘과 땅 사이의 빈 공간.

필순 空 空 空 空 空 空 空 空

✏️ 필순에 따라서 空을 쓰고, 훈과 음을 달아 보세요.

空	空	空	空	空	空
빌 공					

쓰임 더 알아보기

- 空間(공간) 아무것도 없는 빈 곳. 물리적으로나 심리적으로 널리 퍼져 있는 범위.
- 空氣(공기) 지구를 둘러싼 대기의 하층부를 구성하는 무색무취의 투명한 기체.

문장 연습
- 空軍이 비행기를 타고 空中에서 싸웁니다.

공부한 날: ____월 ____일

훈 꽃 **음** 화

부수 艹(⺿)

뜻 풀이 '꽃'을 나타내는 글자입니다.
새싹(⺿)이 돋아나서 꽃이 된다(化)는 데서 '꽃'을 뜻합니다.

쓰임 國花(국화): 나라를 상징하는 꽃.
花盆(화분): 화초를 심어 가꾸는 그릇.

필순 花 花 花 花 花 花 花 花

✏️ 필순에 따라서 花를 쓰고, 훈과 음을 달아 보세요.

花	花	花	花	花	花	花
꽃 화						

쓰임 더 알아보기

- 나라마다 그 나라를 상징하는 **國**花가 있습니다.
  대한민국: 무궁화 **일본**: 벚꽃 **중국**: 매화 **미국**: 장미 **영국**: 장미(잉글랜드)
  독일: 수레국화 **프랑스**: 붓꽃(아이리스) **이탈리아**: 데이지

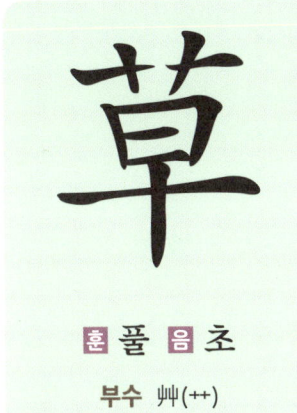

훈 풀 **음** 초

부수 艸(艹)

뜻 풀이 '풀'을 나타내는 글자입니다.
이른(早) 봄에 싹(艹)이 돋아나는 것이 '풀'이라는 뜻입니다.

쓰임 花草(화초): 꽃이 피는 풀과 나무.
草原(초원): 풀이 난 들. <예> 草原에서 풀을 뜯는 말

필순 草草草草草草草草草草

✏️ 필순에 따라서 草를 쓰고, 훈과 음을 달아 보세요.

草	草	草	草	草	草
풀 초					

쓰임 더 알아보기

- 草家三間(초가삼간) '세 칸짜리 초가'라는 뜻으로, 아주 작은 집을 이르는 말.
- 草食動物(초식동물) 식물을 주로 먹고 사는 포유동물.

문장 연습
- 花草가 가득한 아름다운 草原을 거닐었습니다.

7급

공부한 날: _____월 _____일

植

훈 심을 **음** 식

부수 木

뜻 풀이 '심다'의 뜻을 나타내는 글자입니다.
나무(木)를 곧게(直) 세워 심는다는 데서 '심다', '식물'의 뜻으로 쓰입니다.

쓰임 植物(식물): 뿌리·줄기·잎을 갖춘 생물.
植木日(식목일): 나무 심는 날(매년 4월 5일).

필순 植 植 植 植 植 植 植 植 植 植 植 植

✏️ 필순에 따라서 植을 쓰고, 훈과 음을 달아 보세요.

植	植	植	植	植	植	植
심을 식						

쓰임 더 알아보기

- **植**民地(식민지) 정치·경제·군사적으로 다른 나라에 예속되어 국가로서의 주권을 상실한 나라.
- **植**生(식생) 어떤 일정한 곳에서 모여 사는 식물 집단.

문장 연습
- 우리 가족은 **植**木日에 나무를 심었습니다.

공부한 날: ___월 ___일

훈 수풀 음 림(임)
부수 木

뜻풀이 '숲'을 나타내는 글자입니다.
나무(木)가 많이 모여 있는 모양을 본뜬 글자로 '숲'의 뜻으로 쓰입니다.

쓰임 山林(산림): 산과 숲. 산에 있는 숲.
林野(임야): 나무가 늘어서 있는 들.

필순 林 林 林 林 林 朴 林 林

✏️ 필순에 따라서 林을 쓰고, 훈과 음을 달아 보세요.

林	林	林	林	林	林	林
수풀 림(임)						

쓰임 더 알아보기
- 山林浴(산림욕) 숲속을 거닐면서 숲의 기운을 쐬는 일.
- 自然林(자연림) 사람이 일부러 가꾸지 않은 그대로의 삼림.

문장 연습
- 산불이 나지 않도록 조심해 소중한 山林을 보호합시다.

※ 林이 낱말의 맨 처음에 오면 '임'으로 읽습니다. <예> 林野(임야) 林業(임업)

공부한 날: _____월 _____일

動

훈 움직일 **음** 동

부수 力

뜻풀이 '움직이다'의 뜻을 나타내는 글자입니다. 무거운 것(重)은 힘(力)을 들여야 움직인다는 데서 '움직이다'를 뜻합니다.

쓰임 運動(운동): 몸을 단련하기 위해 움직이는 것.
動物(동물): 새·짐승·물고기 등의 생물.

필순 動 動 動 動 動 動 動 動 動 動 動

✏️ 필순에 따라서 動을 쓰고, 훈과 음을 달아 보세요.

動	動	動	動	動	動	動
움직일 동						

쓰임 더 알아보기

- 感動(감동) 깊이 느껴 마음이 움직임.
- 活動(활동) 몸을 움직여 행동함.
- 自動門(자동문) 사람이 출입할 때에 자동적으로 열리고 닫히는 문.

문장 연습
- 건강을 지키기 위해서는 꾸준히 運動을 해야 합니다.

공부한 날: ____월 ____일

훈 물건 음 물

부수 牛

- **뜻 풀이** '물건', '만물'의 뜻을 나타내는 글자입니다. 여러 색깔의 소(牛)라는 데서 온갖 '물건', '만물'을 뜻합니다.
- **쓰임** 物件(물건): 물품. <예> 잃어버린 物件을 찾아라.
  生物(생물): 살아 있는 동식물을 통틀어 말함.
- **필순** 物 物 物 物 物 物 物 物

✏️ 필순에 따라서 物을 쓰고, 훈과 음을 달아 보세요.

物	物	物	物	物	物	物
물건 물						

쓰임 더 알아보기

- **事物**(사물) 일과 물건을 아울러 이르는 말.
- **人物**(인물) '사람'을 대상으로 여겨 이르는 말.
- **物心兩面**(물심양면) 물질적인 것과 정신적인 것 두 면.

문장 연습
- **生物**은 **動物**과 **植物**, 微**生物**(미생물)로 나뉩니다.

4장 마무리 문제

공부한 날: _____ 월 _____ 일

● 다음 문제에서 빨간색 漢字의 訓(훈)과 音(음)을 써 보세요.

★ 정답은 159쪽에 있습니다.

문 제	훈(뜻)	음(소리)
(1) 海軍은 바다를 지키는 군대입니다.		
(2) 새들이 떼를 지어 空中을 날아요.		
(3) 서울에는 漢江이 흐르고 있습니다.		
(4) 나는 植木日에 나무를 심었습니다.		
(5) 우리 가족은 動物원을 구경하였어요.		
(6) 草原에서 말들이 풀을 뜯고 있습니다.		
(7) 우리나라의 國花는 무궁화입니다.		
(8) 植物은 생물의 한 종류입니다.		
(9) 우리 마을은 山林이 우거져서 좋아요.		
(10) 아빠는 새벽에 運動을 합니다.		
(11) 놀다가 花盆을 깨뜨려서 혼났습니다.		
(12) 海草에는 영양분이 아주 많습니다.		
(13) 空軍 비행기가 출동하였습니다.		
(14) 우리 집은 江北에 있습니다.		
(15) 우리나라는 山川이 아름답습니다.		
(16) 海女들이 바닷속에서 전복을 따요.		
(17) 꽃밭에서 雜草를 뽑아 버렸습니다.		

4장 마무리 문제

공부한 날: _____ 월 _____ 일

● 다음의 訓(훈)과 音(음)에 알맞은 漢字를 써 보세요.

(18) 꽃 화	(19) 내 천	(20) 수풀 림(임)	(21) 풀 초	(22) 바다 해

(23) 강/물 강	(24) 움직일 동	(25) 빌 공	(26) 심을 식	(27) 물건 물

● 다음 漢字의 讀音(독음)을 써 보세요.

(28) 動 (　　　)　(29) 江 (　　　)　(30) 林 (　　　)
(31) 草 (　　　)　(32) 海 (　　　)　(33) 花 (　　　)
(34) 空 (　　　)　(35) 植 (　　　)　(36) 川 (　　　)
(37) 物 (　　　)

● 다음 漢字의 訓(훈)과 音(음)을 써 보세요.

(38) 空	(39) 草	(40) 動	(41) 花	(42) 川

(43) 海	(44) 江	(45) 林	(46) 物	(47) 植

4장 마무리 문제

● 다음 ( ) 안에 알맞은 답을 例(예)에서 골라 그 번호를 써 보세요.

〈例〉 ① 풀 ② 바다 ③ 꽃 ④ 수풀 ⑤ 비다(하늘)
      ⑥ 강 ⑦ 물 ⑧ 천 ⑨ 동 ⑩ 식

(48) 花는 (   )이라는 뜻으로 쓰입니다.
(49) 林은 (   )이라는 뜻으로 쓰입니다.
(50) 海는 (   )라는 뜻으로 쓰입니다.
(51) 草는 (   )이라는 뜻으로 쓰입니다.
(52) 空은 (   )라는 뜻으로 쓰입니다.
(53) 植은 (   )이라고 읽습니다.
(54) 動은 (   )이라고 읽습니다.
(55) 物은 (   )이라고 읽습니다.
(56) 川은 (   )이라고 읽습니다.
(57) 江은 (   )이라고 읽습니다.

● 다음 밑줄 친 글자에 두루 쓰이는 漢字를 例(예)에서 골라 그 번호를 써 보세요.

〈例〉 ① 海 ② 林 ③ 江 ④ 川 ⑤ 物 ⑥ 花 ⑦ 空 ⑧ 植

(58) (   ) 생<u>물</u>은 크게 식<u>물</u>과 동<u>물</u>, 그리고 미생<u>물</u>로 나뉩니다.
(59) (   ) <u>해</u>군의 군함이 대<u>해</u>로 나갔습니다.
(60) (   ) <u>공</u>항에 <u>공</u>군 비행기가 착륙하였습니다.
(61) (   ) 하<u>천</u> 공사로 <u>천</u>변이 어수선했습니다.
(62) (   ) 장마로 낙동<u>강</u>의 <u>강</u>물이 흙탕물이 되었습니다.
(63) (   ) <u>식</u>목일에 앞산에 <u>식</u>수(나무를 심음)를 하였습니다.
(64) (   ) <u>화</u>분에 심은 <u>화</u>초가 더위에 시들었습니다.

5장

공장

5장에서 익혀요!

工 場 電 氣
休 紙 同 色

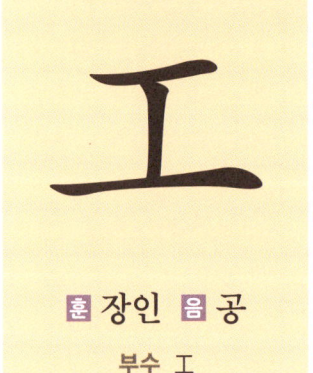

훈 장인 음 공
부수 工

뜻 풀이 손으로 물건을 만드는 '장인'을 나타내는 글자입니다. 장인이 손에 든 곱자(ㄱ자 모양의 자)의 모양을 본뜬 글자입니다.

쓰임 工夫(공부): 학문이나 기술을 배우고 닦음.
工作(공작) 물건을 만듦.

필순 工 工 工

✏️ 필순에 따라서 工을 쓰고, 훈과 음을 달아 보세요.

장인 **공**

쓰임 더 알아보기

- 工業(공업) 원료를 가공하여 인간 생활에 유용한 물자를 만드는 산업.
- 人工(인공) 사람의 손길이나 힘을 가해 자연 그대로의 사물을 바꿔 놓는 일.

문장 연습
- 기술자들이 工具(공구)를 다루는 방법을 工夫하였습니다.

공부한 날: _____ 월 _____ 일

훈 마당/곳 음 장

부수 土

뜻 풀이 '마당', '곳', '장소'를 나타내는 글자입니다.
운동장(運動場), 공사장(工事場)과 같이 場이 붙으면
'~하는 곳'이라는 뜻이 됩니다.

쓰임 場所(장소): 곳. 자리. <예> 회의하는 場所
運動場(운동장): 운동하는 너른 마당.

필순 場 場 場 場 場 場 場 場 場 場 場 場

📝 필순에 따라서 場을 쓰고, 훈과 음을 달아 보세요.

場	場	場	場	場	場
마당/곳 장					

쓰임 더 알아보기

工場(공장) 물건을 만드는 기계 등을 갖춘 곳.
球場(구장) 야구를 주로 하는 운동장.
劇場(극장) 연극이나 영화를 하는 곳.
飛行場(비행장) 비행기가 오르내리는 곳.
市場(시장) 물건을 모아 사고 파는 곳.
式場(식장) 기념 행사를 하는 곳.

電

훈 번개 **음** 전

부수 雨

뜻 풀이 '번개'를 나타내는 글자입니다.
비(雨)가 올 때 번개(申)가 번쩍이면 전기가 생긴다는 뜻으로 '전기'와 관계 있는 것을 나타냅니다.

쓰임 電氣(전기): 전자의 이동으로 생기는 에너지.
電話(전화): 전화기로 말을 주고받는 일.

필순 電電電電電電電電電電電電電

✏️ 필순에 따라서 電을 쓰고, 훈과 음을 달아 보세요.

電	電	電	電	電	電	電
번개 전						

쓰임 더 알아보기

- 電力(전력) 전류가 단위 시간에 행하는 일.
- 電子(전자) 음전하를 가지고 원자핵의 주위를 도는 소립자의 하나.

문장 연습

- 電氣는 물·불·바람 등의 힘으로 일으킵니다. 水力(수력), 火力(화력), 風力(풍력) 등이 있습니다.

공부한 날: _____월 _____일

훈 기운 음 기

부수 气

뜻 풀이 '기운'을 나타내는 글자입니다.
쌀(米)로 밥을 지을 때 기운차게 나오는 증기(气)의 모양을 본뜬 글자입니다.

쓰임 人氣(인기): 사람이나 사물에 쏠리는 호감.
勇氣(용기): 씩씩하고 굳센 기운.

필순 氣氣氣氣氣氣氣氣氣氣

✏️ 필순에 따라서 氣를 쓰고, 훈과 음을 달아 보세요.

氣	氣	氣	氣	氣	氣	氣
기운 기						

쓰임 더 알아보기

- 氣色(기색) 마음의 작용으로 드러나는 얼굴빛.
- 生氣(생기) 활발하고 힘찬 기운.

문장 연습
- 勇氣 있는 행동 때문에 친구들로부터 人氣가 대단하였습니다.

공부한 날: ____월 ____일

훈 **쉴** 음 **휴**

부수 人(亻)

뜻 풀이 '쉬다'의 뜻을 나타내는 글자입니다.
사람(人)이 나무(木)에 기대어 쉬는 모양을 본뜬 글자입니다.

쓰임 休息(휴식): 쉬는 일. <예> 과로했으니 休息해야지.
休暇(휴가): 일정한 기간 쉬는 일.

필순 休 休 休 休 休 休

✎ 필순에 따라서 休를 쓰고, 훈과 음을 달아 보세요.

休	休	休	休	休	休	休
쉴 휴						

쓰임 더 알아보기

- 休日(휴일) 일을 하지 아니하고 쉬는 날.
- 年中無休(연중무휴) 일 년 내내 하루도 쉬는 날이 없음.
- 休紙(휴지) 못 쓰게 된 종이.

문장 연습

- 과로로 休息이 필요해서 休暇를 얻었습니다.

공부한 날: _____월 _____일

훈 종이 **음** 지

부수 糸

뜻풀이 '종이'를 나타내는 글자입니다.
실 사(糸)와 성씨 씨(氏)가 합쳐진 글자로 '종이'를 뜻합니다.

쓰임 色紙(색지): 색깔이 있는 종이.
便紙(편지): 소식을 전하려고 써 보내는 글(=片紙).

필순 紙紙紙紙紙紙紙紙紙紙

✏️ 필순에 따라서 紙를 쓰고, 훈과 음을 달아 보세요.

紙	紙	紙	紙	紙	紙	紙
종이 지						

쓰임 더 알아보기

- 白紙(백지) 아무것도 쓰거나 그리지 않은 종이.
- 韓紙(한지) 닥나무 따위의 껍질을 원료로 하여 한국 고유의 방법으로 만든 종이.

문장 연습
- 便紙를 보내려고 예쁜 色紙에 정성껏 글을 썼습니다.

7급

공부한 날: _____ 월 _____ 일

훈 한가지 **음** 동

부수 口

뜻 풀이 '같다'의 뜻을 나타내는 글자입니다.
'함께하다'의 뜻으로도 쓰입니다.

쓰임 同情(동정): 남의 어려움을 가엾게 여김.
合同(합동): 둘 이상이 하나가 됨.

필순 同 同 同 同 同 同

✏️ 필순에 따라서 同을 쓰고, 훈과 음을 달아 보세요.

同						
한가지 동						

쓰임 더 알아보기

- 同門(동문) 같은 학교를 다니거나 같은 스승에게서 배운 사람.
- 同姓(동성) 같은 성씨.

문장 연습

- 아픈 친구를 同情하여 그의 친구들이 合同으로 도왔습니다.

공부한 날: _____월 _____일

훈 빛 **음** 색
부수 色

뜻 풀이 '빛깔'을 나타내는 글자입니다. 지팡이를 짚고 있는 사람의 모습을 본뜬 글자로 사람의 표적이 되는 것이 얼굴빛이나 옷 색깔인 데서 '빛(빛깔)'을 뜻합니다.

쓰임
顔色(안색): 얼굴빛. 표정.
靑色(청색): 푸른 빛깔. <예> 靑色 모자

필순 色 色 色 色 色 色

✏️ 필순에 따라서 色을 쓰고, 훈과 음을 달아 보세요.

色	色	色	色	色	色	色
빛 색						

쓰임 더 알아보기
- 本色(본색) 본디의 바탕이나 정체.
- 白色(백색) 흰색.
- 百人百色(백인백색) 많은 사람들이 저마다 다른 특색이 있음.

문장 연습
- 귀신은 顔色이 靑色으로 변하면서 서서히 다가왔습니다.

5장 마무리 문제

●다음 문제에서 빨간색 漢字의 訓(훈)과 音(음)을 써 보세요.

★ 정답은 159쪽에 있습니다.

문 제	훈(뜻)	음(소리)
(1) 상급생이 되었으니 열심히 工^부夫해라.		
(2) 선물을 色紙로 포장하였습니다.		
(3) 이번 休日에는 놀이공원에 갑니다.		
(4) 수력 發^발電은 물의 힘을 이용합니다.		
(5) 회의 場^소所를 문자로 알렸습니다.		
(6) 기술자는 工具^구를 잘 다루어야 합니다.		
(7) 소녀 가장을 同情^정하는 사람이 많아요.		
(8) 아빠가 休暇^가를 얻어 여행을 갑니다.		
(9) 핸드폰은 편리한 電話^화기입니다.		
(10) 우리는 이모 결혼 式^식場에 갔습니다.		
(11) 나는 친구들에게 人氣가 많습니다.		
(12) 화장실에 休紙를 갖다 놓았습니다.		
(13) 범인을 잡은 시민은 勇^용氣가 있어요.		
(14) 과로한 사람은 休息^식이 필요합니다.		
(15) 병을 앓아서인지 顔^안色이 안 좋았다.		
(16) 따로 하지 말고 合^합同으로 합시다.		
(17) 할아버지께 便^편紙를 썼습니다.		

5장 마무리 문제

● 다음의 訓(훈)과 音(음)에 알맞은 漢字를 써 보세요.

(18) 한가지 동	(19) 마당 장	(20) 장인 공	(21) 기운 기	(22) 쉴 휴	(23) 종이 지	(24) 번개 전	(25) 빛 색

● 다음 漢字와 漢字語의 讀音(독음)을 써 보세요.

(26) 場 (   )   (27) 電 (   )
(28) 色 (   )   (29) 紙 (   )
(30) 工 (   )   (31) 同 (   )
(32) 氣 (   )   (33) 休 (   )
(34) 工場 (   )   (35) 休紙 (   )
(36) 電氣 (   )   (37) 同色 (   )

● 다음 漢字의 訓(훈)과 音(음)을 써 보세요.

(38) 紙	(39) 氣	(40) 休	(41) 工
(42) 色	(43) 場	(44) 同	(45) 電

5장 마무리 문제

공부한 날: _____ 월 _____ 일

● 다음 ( ) 안에 알맞은 답을 例(예)에서 골라 그 번호를 써 보세요.

〈例〉
① 종이　② 빛　③ 마당(곳)　④ 번개(전기)
⑤ 공　⑥ 기　⑦ 동　⑧ 휴

(46) 電은 (　　) 라는 뜻으로 쓰입니다.
(47) 紙는 (　　) 라는 뜻으로 쓰입니다.
(48) 場은 (　　) 이라는 뜻으로 쓰입니다.
(49) 色은 (　　) 이라는 뜻으로 쓰입니다.
(50) 休는 (　　) 라고 읽습니다.
(51) 工은 (　　) 이라고 읽습니다.
(52) 同은 (　　) 이라고 읽습니다.
(53) 氣는 (　　) 라고 읽습니다.

● 다음 밑줄 친 글자에 두루 쓰이는 漢字를 例(예)에서 골라 그 번호를 쓰세요.

〈例〉 ① 場　② 色　③ 工　④ 氣　⑤ 同　⑥ 電　⑦ 紙　⑧ 休

(54) (　　) 공장에서는 직공들이 일을 합니다.
(55) (　　) 청색과 황색의 색지를 사 왔습니다.
(56) (　　) 전기를 고치는데 전화가 왔습니다.
(57) (　　) 휴일에 휴지를 모아서 버렸습니다.
(58) (　　) 식장으로 쓰기에는 장소가 너무 좁았어요.
(59) (　　) 예쁜 색지에 편지를 썼습니다.

6장

교육(1)

6장에서 익혀요!

文 字 問 答
漢 語 歌 話

文

훈 글월 음 문

부수 文

뜻 풀이 '글(글월)'을 나타내는 글자입니다.
옛날 사람들이 몸에 그렸던 무늬의 모양을 본뜬 글자입니다.

쓰임 漢文(한문): 한자로 씌어진 글.
文章(문장): 어떤 생각이나 느낌을 글로 나타낸 것.

필순 文 文 文 文

✏️ 필순에 따라서 文을 쓰고, 훈과 음을 달아 보세요.

文	文	文	文	文	文	文
글월 문						

쓰임 더 알아보기

- 文書(문서) 글이나 기호 따위로 일정한 의사나 관념 또는 사상을 나타낸 것.
- 文化(문화) 의식주를 비롯하여 언어, 풍습, 종교, 학문, 예술, 제도 따위의 양식.

문장 연습
- 공부를 많이 한 선생님은 漢文으로 文章을 썼습니다.

공부한 날: _____ 월 _____ 일

훈 글자 **음** 자

부수 子

- **뜻 풀이** '글자'를 나타내는 글자입니다.
한 집안(宀)이 아들(子)을 낳아 식구가 늘어나듯이 글자도 기본자에서 늘어난다는 뜻입니다.

- **쓰임** 漢字(한자): 중국의 글자.
文字(문자): 글자. <예> 한글은 한국의 文字다.

- **필순** 字 字 字 字 字 字

✏️ 필순에 따라서 字를 쓰고, 훈과 음을 달아 보세요.

字	字	字	字	字	字	字
글자 자						

쓰임 더 알아보기

- **字**母(자모) 한 개의 음절을 자음과 모음으로 갈라 적을 수 있는 낱낱의 글자.
- 千**字**文(천자문) 중국 양나라의 주흥사가 엮은 책. 사언 고시 250구, 1,000자로 되어 있음.

문장 연습
- 漢**字**는 중국의 文**字**이며 뜻을 나타내는 文**字**입니다.

問

훈 물을 **음** 문

부수 口

뜻 풀이 ▶ '묻다'의 뜻을 나타내는 글자입니다.
문(門) 앞에서 입(口)을 열어 묻는다는 데서 '묻다'를 뜻합니다.

쓰임 ▶ 問題(문제): 해답을 요구하는 물음.
質問(질문): 모르거나 알고자 하는 것을 물음.

필순 ▶ 問 問 問 問 問 問 問 問 問 問 問

✏️ 필순에 따라서 問을 쓰고, 훈과 음을 달아 보세요.

問	問	問	問	問	問	問
물을 문						

쓰임 더 알아보기

- 問安(문안) 웃어른께 안부를 여쭘.
- 東問西答(동문서답) 물음과 상관없는 엉뚱한 대답.
- 自問自答(자문자답) 스스로 묻고 스스로 대답함.

문장 연습
- 問題의 뜻을 잘 몰라서 선생님께 質問을 하였습니다.

공부한 날: ___월 ___일

훈 **대답할** 음 **답**

부수 竹(⺮)

뜻풀이 '대답하다'의 뜻을 나타내는 글자입니다.
報答(보답)에서와 같이 '갚을 답'으로도 쓰입니다.

쓰임 對答(대답): 물음에 답함. <반의·상대어> 質問(질문)
正答(정답): 옳고 바른 답.

필순 答 答 答 答 答 答 答 答 答 答 答 答

📝 필순에 따라서 答을 쓰고, 훈과 음을 달아 보세요.

答	答	答	答	答	答	答
대답할 **답**						

쓰임 더 알아보기

- **問答**(문답) 물음과 대답. 또는 서로 묻고 대답함.
- **名答**(명답) 질문의 의도에 꼭 맞게 잘한 대답.

문장 연습
- **質問**과 **對答**은 서로 상대되는 말(상대어)입니다.

공부한 날: _____ 월 _____ 일

漢

훈 한나라 **음** 한

부수 水(氵)

뜻 풀이 옛날 중국에 세워진 '한나라'를 나타내는 글자입니다. 漢나라의 漢은 중국을 나타내고 중국의 글자를 漢字라고 합니다.

쓰임 漢字(한자): 중국의 글자. <예> 漢字 공부
漢文(한문): 한자로 씌어진 글.

필순 漢漢漢漢漢漢漢漢漢漢漢漢漢漢

✏️ 필순에 따라서 漢을 쓰고, 훈과 음을 달아 보세요.

漢	漢	漢	漢	漢	漢	漢
한나라 **한**						

쓰임 더 알아보기

- 漢字語(한자어) 한자에 기초하여 만들어진 말.
- 漢學(한학) 한문 및 한어에 관해 연구하는 학문.
- 南漢山城(남한산성) 경기도 광주시 남한산에 있는 산성.

문장 연습
- 漢文은 漢字만으로 쓴 글입니다.

語

훈 말씀 **음** 어

부수 言

뜻 풀이 '말'의 뜻을 나타내는 글자입니다.
나(吾)의 생각을 말(言)한다는 뜻입니다.

쓰임 國語(국어): 그 나라 고유의 말. <예> 國語 사랑
外國語(외국어): 다른 나라 말.

필순 語 語 語 語 語 語 語 語 語 語 語 語 語 語

✏️ 필순에 따라서 語를 쓰고, 훈과 음을 달아 보세요.

語	語	語	語	語	語	語
말씀 어						

쓰임 더 알아보기

- 主語(주어) 술어가 나타내는 동작이나 상태의 주체가 되는 문장 성분.
- 語學(어학) 어떤 나라의 언어, 특히 문법을 익히는 학문.

문장 연습
- 國語 공부도 중요하고 外國語 공부도 중요합니다.

공부한 날: _____월 _____일

훈 노래 음 가

부수 欠

뜻 풀이 '노래'를 나타내는 글자입니다.
하품(欠)하듯이 입을 벌려 노래한다(哥)는 뜻으로 國歌(국가), 교가(校歌) 등과 같이 '노래'를 나타냅니다.

쓰임 國歌(국가): 나라를 상징하는 노래. <예> 愛國歌(애국가)
歌手(가수): 노래 부르는 일을 전문으로 하는 사람.

필순 歌 歌 歌 歌 歌 歌 哥 哥 哥 哥 歌 歌 歌 歌

✏️ 필순에 따라서 歌를 쓰고, 훈과 음을 달아 보세요.

歌	歌	歌	歌	歌	歌	歌
노래 가						

쓰임 더 알아보기

- 校歌(교가) 학교를 상징하는 노래.
- 歌舞(가무) 노래와 춤을 아울러 이르는 말.

문장 연습
- 축구 경기가 시작되기 전, 歌手가 國歌를 불렀습니다.

공부한 날: _____월 _____일

話

- **훈** 말할 **음** 화
- 부수 言

뜻 풀이 '말하다'의 뜻을 나타내는 글자입니다.
말(言)할 때는 혀(舌)를 움직인다는 뜻입니다.

쓰임 童話(동화): 어린이를 대상으로 쓴 이야기.
話題(화제): 이야깃거리. 이야기의 제목.

필순 話 話 話 話 話 話 話 話 話 話 話 話 話

✏️ 필순에 따라서 話를 쓰고, 훈과 음을 달아 보세요.

話	話	話	話	話	話	話
말할 화						

쓰임 더 알아보기

- 民話(민화) 민간에 전해 내려오는 옛날이야기.
- 手話(수화) 청각 장애인과 언어 장애인 사이에서 쓰이는 몸짓과 손짓에 의한 언어.

문장 연습
- 유명한 작가가 쓴 **童話**책이 나와 큰 **話題**가 되고 있습니다.

6장 마무리 문제

●다음 문제에서 빨간색 漢字의 訓(훈)과 音(음)을 써 보세요.

★ 정답은 159쪽에 있습니다.

문 제	훈(뜻)	음(소리)
(1) 아침 조회 시간에 校歌를 불렀습니다.		
(2) 漢字로 쓴 漢文을 잘 읽었어요.		
(3) 이 책은 活字가 커서 좋습니다.		
(4) 언니는 영어 會話 공부를 하고 있어요.		
(5) 문제를 풀고 正答을 맞춰 보았어요.		
(6) 지금 노래하는 歌手의 이름이 뭐야?		
(7) 그리스 로마 神話를 읽었습니다.		
(8) 國語 시간에 글짓기를 하였습니다.		
(9) 싸우지 말고 對話로 해결하자.		
(10) 두 민족은 서로 言語가 다릅니다.		
(11) 이번 시험은 問題가 어려웠어요.		
(12) 묻는 말에 對答을 잘하였습니다.		
(13) 나는 手話를 조금 할 줄 압니다.		
(14) 그의 소설은 文章이 아름답습니다.		
(15) 나는 선생님께 質問하였습니다.		
(16) 나는 愛國歌를 4절까지 다 외웁니다.		
(17) 안데르센 童話를 재미있게 읽었어요.		

6장 마무리 문제

공부한 날: ____월 ____일

● 다음의 訓(훈)과 音(음)에 알맞은 漢字를 써 보세요.

(18)	(19)	(20)	(21)	(22)	(23)	(24)	(25)
말할 화	글자 자	한나라 한	글월 문	노래 가	물을 문	말씀 어	대답할 답

● 다음 漢字와 漢字語의 讀音(독음)을 써 보세요.

(26) 文 (   )   (27) 語 (   )   (28) 歌 (   )
(29) 漢 (   )   (30) 字 (   )   (31) 話 (   )
(32) 答 (   )   (33) 問 (   )   (34) 文字 (   )
(35) 問答 (   )   (36) 韓語 (   )   (37) 歌手 (   )

● 다음 밑줄 친 글자에 두루 쓰이는 漢字를 例(예)에서 골라 그 번호를 쓰세요.

〈例〉 ①漢 ②文 ③話 ④答 ⑤字 ⑥歌 ⑦問 ⑧語

(38) (   ) <u>한</u>자로 된 <u>한</u>문책을 읽었습니다.
(39) (   ) <u>가</u>수가 애국<u>가</u>를 불렀습니다.
(40) (   ) 동<u>화</u>를 읽고 대<u>화</u>를 나누었습니다.
(41) (   ) <u>문</u>제를 읽고 질<u>문</u>을 하였습니다.
(42) (   ) 정<u>답</u>을 보라고 대<u>답</u>하였습니다.
(43) (   ) 작은 <u>문</u>자로 풀이해 놓은 <u>문</u>장을 읽었습니다.
(44) (   ) 국<u>어</u> 공부도 재미있고 영<u>어</u> 공부도 재미있습니다.
(45) (   ) 한<u>자</u>는 중국의 글<u>자</u>입니다.

6장 마무리 문제

공부한 날: ____월 ____일

● 다음 漢字의 訓(훈)과 音(음)을 써 보세요.

(46) 問	(47) 歌	(48) 答	(49) 文
(50) 話	(51) 漢	(52) 字	(53) 語

● 다음 ( ) 안에 알맞은 답을 例(예)에서 골라 그 번호를 써 보세요.

〈例〉
① 글자　② 노래　③ 글월　④ 말씀
⑤ 화　　⑥ 한　　⑦ 답　　⑧ 문

(54) 文은 (　　)이라는 뜻으로 쓰입니다.
(55) 語는 (　　)이라는 뜻으로 쓰입니다.
(56) 字는 (　　)라는 뜻으로 쓰입니다.
(57) 歌는 (　　)라는 뜻으로 쓰입니다.
(58) 話는 (　　)라고 읽습니다.
(59) 漢은 (　　)이라고 읽습니다.
(60) 答은 (　　)이라고 읽습니다.
(61) 問은 (　　)이라고 읽습니다

7장

교육(2)

7장에서 익혀요!

算 數 百 千
正 直 育 立

공부한 날: _____ 월 _____ 일

훈 셈할 음 산

부수 竹(⺮)

뜻 풀이 '셈하다'의 뜻을 나타내는 글자입니다.
옛날에는 대나무(竹)로 만든 산가지로 셈을 한 데서 '셈하다'를 뜻합니다.

쓰임 計算(계산): 셈하기. <예> 물건값을 計算하자.
暗算(암산): 머릿속으로 셈하기.

필순 算算算算算算算算算算算算算算

✏️ 필순에 따라서 算을 쓰고, 훈과 음을 달아 보세요.

算	算	算	算	算	算	算
셈할 산						

쓰임 더 알아보기

- **算**數(산수) 수의 성질, 셈의 기초, 초보적인 기하 따위를 가르치던 학과목.
- **算**出(산출) 계산해 냄.
- 電**算**(전산) 전기·전자 회로를 이용하여 계산을 하는 일.

문장 연습
- 놀랍다! 계산기로 **計算**하는 것보다 **暗算**이 더 빠르다니!

공부한 날: ___월 ___일

훈 셀 음 수

부수 攴(攵)

뜻 풀이 '세다', '셈'의 뜻을 나타내는 글자입니다.
'자주 삭'으로도 쓰입니다.

쓰임 數學(수학): 수량·도형의 관계를 공부하는 학문.
多數(다수): 많은 수. <반의·상대어> 小數(소수)

필순 數 數 數 數 數 數 數 數 數 數 數 數 數 數 數

✏️ 필순에 따라서 數를 쓰고, 훈과 음을 달아 보세요.

數	數	數	數	數	數	數
셀 수						

쓰임 더 알아보기

- **分數**(분수) 정수 a를 0이 아닌 정수 b로 나눈 몫을 a/b로 나타낸 것.
- **度數**(도수) 온도·각도·광도 등의 크기를 나타내는 수치.

문장 연습
- **多數**의 학생들이 **數學** 공부를 어려워합니다.

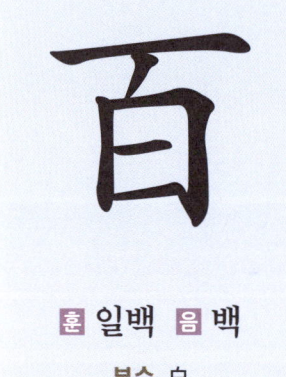

훈 일백 **음** 백

부수 白

뜻 풀이 '일백'의 뜻을 나타내는 글자입니다.
한 일(一)에 흰 백(白)이 합쳐진 글자입니다.

쓰임 五百(오백): 500. <예> 五百원짜리 동전
百年(백년): 100년(1세기). <예> 百年 된 소나무

필순 百 百 百 百 百 百

✏️ 필순에 따라서 百을 쓰고, 훈과 음을 달아 보세요.

百	百	百	百	百	百	百
일백 백						

쓰임 더 알아보기

- 百姓(백성) 일반 국민을 예스럽게 이르는 말.
- 百日(백일) 아기가 태어난 지 백 번째 되는 날.

문장 연습
- 우리 마을에는 百年 된 소나무와 三百年 된 은행나무가 있습니다.

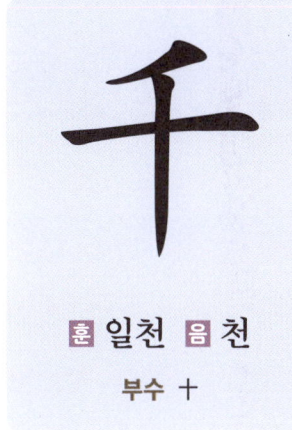

- 뜻 풀이: '일천'의 뜻을 나타내는 글자입니다. 사람 인(人)에 열 십(十)이 합쳐진 글자입니다.
- 쓰임: 千字文(천자문): 1,000자로 엮은 한자 책.
  五千年(오천년): 5,000년. <예> 五千年 역사
- 필순: 千 千 千

훈 일천 음 천
부수 十

✏️ **필순에 따라서 千을 쓰고, 훈과 음을 달아 보세요.**

千	千	千	千	千	千	千	千
일천 천							

쓰임 더 알아보기

- 千年萬年(천년만년) 아주 오랜 세월.
- 千軍萬馬(천군만마) '천 명의 군사와 만 마리의 말'이라는 뜻으로, 많은 군사와 말을 이르는 말.

문장 연습
- 자랑스러운 **五千年**의 **韓國** 역사.
  단군 조선 ▶ 삼국 시대(고구려·백제·신라) ▶ 고려 시대 ▶ 조선 시대 ▶ 대한민국

공부한 날: _____ 월 _____ 일

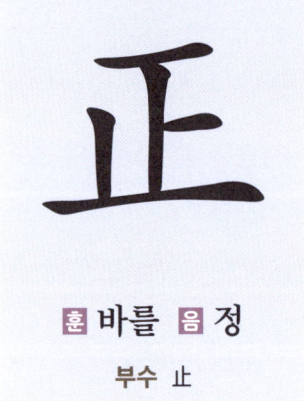

훈 바를 **음** 정

부수 止

뜻 풀이 '바르다'의 뜻을 나타내는 글자입니다.
사람이 땅(一) 위에서 바르게 멈추어 선다(止)는 데서 '바르다'를 뜻합니다.

쓰임 正義(정의): 사람으로서 지켜야 할 바른 도리.
公正(공정): 공평하고 올바름. <예> 公正한 심판

필순 正 正 正 正 正

✏️ 필순에 따라서 正을 쓰고, 훈과 음을 달아 보세요.

正	正	正	正	正	正	正	正
바를 정							

쓰임 더 알아보기

- 正午(정오) 낮 12시.
- 子正(자정) 밤 12시.
- 正面(정면) 똑바로 마주 보이는 면.
- 正道(정도) 사람이 행해야 할 바른 도리.

문장 연습
- 正義를 위해 싸운 기사는 公正한 재판으로 무죄가 되었습니다.

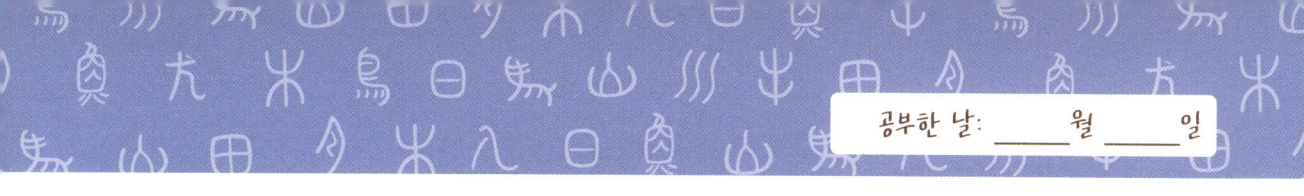

공부한 날: _____ 월 _____ 일

훈 곧을 **음** 직

부수 目

뜻 풀이 '곧다'의 뜻을 나타내는 글자입니다.
여러(十) 사람의 눈(目)으로 보면 바르게 볼 수 있다는 데서 '곧다'를 뜻합니다. '값 치'로도 쓰입니다.

쓰임 正直(정직): 바르고 곧음. <예> 正直한 아이
直接(직접): 중간에 다른 이 없이 바로 연결되는 관계.

필순 直 直 直 直 直 直 直 直

필순에 따라서 直을 쓰고, 훈과 음을 달아 보세요.

直	直	直	直	直	直	直
곧을 직						

쓰임 더 알아보기

- 直線(직선) 꺾이거나 굽은 데가 없는 곧은 선.
- 直進(직진) 곧게 나아감.
- 直後(직후) 어떤 일이 있고 난 바로 다음.

문장 연습
- 正直한 소년은 자기 실수였다고 直接 사과하였습니다.

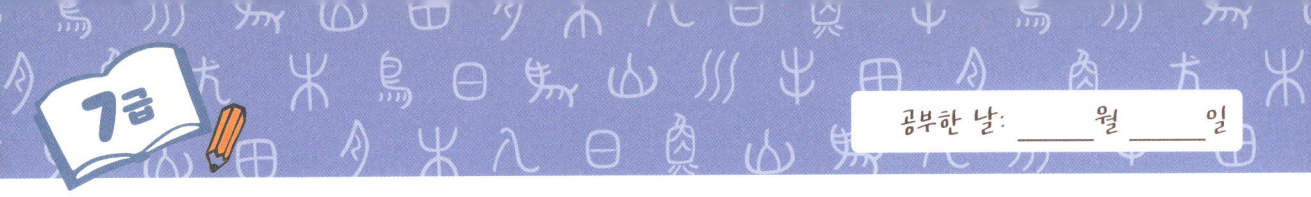

育

훈 기를 **음** 육

부수 肉(月)

뜻 풀이: '기르다'의 뜻을 나타내는 글자입니다. 어머니 배 속에서 아기가 나온다는 데서 '낳다'를 뜻하다가 '기르다'의 뜻이 되었습니다.

쓰임: 育兒(육아): 아이를 기름. <예> 育兒 일기
敎育(교육): 지식을 가르치고 품성을 닦음.

필순: 育 育 育 育 育 育 育 育

✏️ 필순에 따라서 育을 쓰고, 훈과 음을 달아 보세요.

育	育	育	育	育	育	育
기를 육						

쓰임 더 알아보기

- **父生母育**(부생모육) 부모가 낳고 기름.
- **體育**(체육) 일정한 운동을 통해 몸을 튼튼하게 단련시키는 일.

문장 연습
- 아기를 처음 낳은 엄마들에게 **育兒 敎育**을 하였습니다.

공부한 날: _____월 _____일

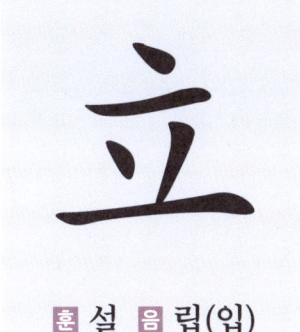

훈 설 음 립(입)

부수 立

뜻 풀이 '서다'의 뜻을 나타내는 글자입니다.
사람이 땅 위에 서 있는 모습을 본떠 만든 글자이며 '세우다'라는 뜻으로도 쓰입니다.

쓰임 建立(건립): 세움. <예> 동상을 建立하였다.
私立(사립): 개인이 세움. <반의·상대어> 公立(공립)

필순 立 立 立 立 立

✏️ 필순에 따라서 立을 쓰고, 훈과 음을 달아 보세요.

立	立	立	立	立	立	立
설 립(입)						

쓰임 더 알아보기

- **獨立**(독립) 나라나 단체가 완전한 자주권을 가짐.
- **立場**(입장) 처해 있는 사정이나 형편.
- **自立**(자립) 남에게 종속되거나 의지하지 아니하고 스스로 섬.

문장 연습
- 私立 학교를 建立하는 것은 좋은 교육 사업입니다.

* 立이 낱말의 맨 처음에 오면 '입'으로 읽습니다. <예> 立春(입춘)

7장 마무리 문제

공부한 날: _____ 월 _____ 일

● 다음 문제에서 빨간색 漢字의 訓(훈)과 音(음)을 써 보세요.

★ 정답은 160쪽에 있습니다.

문 제	훈(뜻)	음(소리)
(1) 한국의 五千年 역사가 자랑스럽다.		
(2) 算數는 數學으로 바뀌었습니다.		
(3) 百年을 한 세기라고 합니다		
(4) 엄마는 아기의 育兒 일기를 씁니다.		
(5) 위대한 과학자의 동상을 建立하였다.		
(6) 운동 경기는 公正하게 심판해야죠.		
(7) 우리 학교는 야구부를 育成합니다.		
(8) 正義를 위해 싸우는 용감한 기사!		
(9) 나라에서 세운 학교가 公立 학교야.		
(10) 곧은 선을 直線이라고 합니다.		
(11) 물건값을 정확하게 計算해야지.		
(12) 私立 학교는 개인이 세운 것입니다.		
(13) 다른 사람 시키지 말고 直接 해라.		
(14) 百원 동전과 五百원 동전이 부족해.		
(15) 사고로 多數의 부상자가 생겼어요.		
(16) 머리로 하는 계산을 暗算이라고 해.		
(17) 부모에게 자녀 敎育은 큰일입니다.		

7장 마무리 문제

공부한 날: ___월 ___일

● 다음의 訓(훈)과 音(음)에 알맞은 漢字를 써 보세요.

(18) 기를 육	(19) 일백 백	(20) 셀 수	(21) 설 립(입)	(22) 일천 천	(23) 셈할 산	(24) 곧을 직	(25) 바를 정

● 다음 漢字와 漢字語의 讀音(독음)을 써 보세요.

(26) 正 (　　　)　　(27) 算 (　　　)
(28) 千 (　　　)　　(29) 數 (　　　)
(30) 育 (　　　)　　(31) 百 (　　　)
(32) 直 (　　　)　　(33) 立 (　　　)
(34) 算數 (　　　)　　(35) 正直 (　　　)
(36) 敎育 (　　　)　　(37) 千百 (　　　)

● 다음 밑줄 친 글자의 뜻에 알맞은 漢字를 例(예)에서 골라 그 번호를 써 보세요.

〈例〉 ①正 ②立 ③百 ④數 ⑤育 ⑥算 ⑦千 ⑧直

그는 위대한 교육(38)자로서 백(39)년 전에 동상이 건립(40)되었습니다. 지금도 날마다 그를 존경하는 다수(41)의 사람들이 직(42)접 동상을 보러 찾아옵니다.

(38) 육 (　　)　　(39) 백 (　　)　　(40) 립 (　　)
(41) 수 (　　)　　(42) 직 (　　)

7장 마무리 문제

공부한 날: _____ 월 _____ 일

● 다음 漢字의 訓(훈)과 音(음)을 써 보세요.

(43) 立	(44) 算	(45) 千	(46) 育
(47) 直	(48) 數	(49) 正	(50) 百

● 다음 ( ) 안에 알맞은 답을 例(예)에서 골라 그 번호를 써 보세요.

〈例〉　① 셈하다　② 바르다　③ 서다　④ 곧다
　　　⑤ 수　　　⑥ 육　　　⑦ 천　　　⑧ 백

(51) 數는 (　　) 라고 읽습니다.
(52) 百은 (　　) 이라고 읽습니다.
(53) 千은 (　　) 이라고 읽습니다.
(54) 育은 (　　) 이라고 읽습니다.
(55) 直은 (　　) 라는 뜻으로 쓰입니다.
(56) 算은 (　　) 라는 뜻으로 쓰입니다.
(57) 立은 (　　) 라는 뜻으로 쓰입니다.
(58) 正은 (　　) 라는 뜻으로 쓰입니다.

8장

사람

8장에서 익혀요!

男 子 老 少
手 足 口 命 夫 祖

7급

공부한 날: _____월 _____일

男

훈 사내 음 남

부수 田

뜻 풀이 '남자'의 뜻을 나타내는 글자입니다.
밭(田)에 나가 힘(力)들여 일하는 사람이 사내(남자)라는 데서 '남자'를 뜻합니다.

쓰임 長男(장남): 맏아들. <예> 나는 長男이야.
男女(남녀): 남자와 여자. <예> 男女 공학

필순 男 男 男 男 男 男 男

✏️ 필순에 따라서 男을 쓰고, 훈과 음을 달아 보세요.

男	男	男	男	男	男	男
사내 남						

쓰임 더 알아보기

- 男女老少(남녀노소) 남자와 여자, 늙은이와 젊은이. 모든 사람을 가리킴.
- 男女共學(남녀공학) 남자와 여자를 같은 학교에서 함께 교육시키는 일.

문장 연습
- 우리 아빠는 長男입니다.

공부한 날: _____월 _____일

훈 아들 음 자

부수 子

뜻 풀이 '아들'의 뜻을 나타내는 글자입니다.
두 팔을 벌리고 있는 아기 모습을 본뜬 글자이며 子는 자식(아들딸)을 통틀어 말하기도 합니다.

쓰임 孝子(효자): 부모를 잘 섬기는 아들(딸은 효녀).
獨子(독자): 외아들. <예> 삼대 獨子

필순 子 子 子

✏️ 필순에 따라서 子를 쓰고, 훈과 음을 달아 보세요.

子	子	子	子	子	子	子	子
아들 자							

쓰임 더 알아보기

- **子**孫孫(자자손손) 대대로 이어지는 여러 대의 자손.
- 君**子**(군자) 행실이 점잖고 어질며 덕과 학식이 높은 사람.
- 世**子**(세자) 왕위를 이을 왕자. 왕세자.

문장 연습

- 전래 동화에는 **孝子**와 **孝女**가 많이 나옵니다.

7급

공부한 날: _____월 _____일

훈 늙을 음 로(노)

부수 老

뜻풀이 '늙다', '늙은이'의 뜻을 나타내는 글자입니다. 머리카락이 길고 허리가 굽은 노인이 지팡이를 짚고 서 있는 모습을 본뜬 글자입니다.

쓰임 老人(노인): 늙은이. <예> 老人을 모셔 왔다.
村老(촌로): 시골에서 사는 늙은이.

필순 老 老 老 老 老 老

✏️ 필순에 따라서 老를 쓰고, 훈과 음을 달아 보세요.

老	老	老	老	老	老	老
늙을 로(노)						

쓰임 더 알아보기

- 老母(노모) 늙은 어머니.
- 老父(노부) 늙은 아버지.
- 不老長生(불로장생) 늙지 아니하고 오래 삶.

* 老가 낱말의 맨 처음에 오면 '노'로 읽습니다. <예> 老人(노인)

공부한 날: _____월 _____일

| 훈 | 적을/젊을 | 음 | 소 |

부수 小

뜻 풀이 '적다', '젊다'의 뜻을 나타내는 글자입니다. 분량이 적은 것을 나타낼 때는 '적을 소'이고, 나이가 젊은 것을 나타낼 때는 '젊을 소'입니다.

쓰임
少年(소년): 어린 남자아이. <반의·상대어> 少女(소녀)
少量(소량): 적은 분량. <반의·상대어> 多量(다량)

필순 小 小 小 少

✏️ 필순에 따라서 少를 쓰고, 훈과 음을 달아 보세요.

少	少	少	少	少	少	少	少
적을/젊을 소							

쓰임 더 알아보기

- 多少(다소) 조금이기는 하지만 어느 정도. 분량이나 정도의 많음과 적음.
- 年少者(연소자) 나이가 어린 사람.

문장 연습
- 요즘 靑少年을 위한 소설책이 많이 나옵니다.

手

훈 손 음 수
부수 手

뜻 풀이 '손'의 뜻을 나타내는 글자입니다.
다섯 손가락을 펼친 손의 모양을 본뜬 글자입니다.

쓰임 手足(수족): 손과 발.
投手(투수): 야구에서 타자에게 공을 던지는 선수.

필순 手 手 手 手

✏️ 필순에 따라서 手를 쓰고, 훈과 음을 달아 보세요.

手	手	手	手	手	手	手
손 수						

쓰임 더 알아보기

- 手工(수공) 손으로 하는 비교적 간단한 공예.
- 手記(수기) 자기의 생활이나 체험을 직접 쓴 기록.
- 高手(고수) 어떤 분야의 기술이나 실력이 뛰어난 사람.

문장 연습
- 감독은 6회 말에 投手를 교체했습니다.

공부한 날: _____ 월 _____ 일

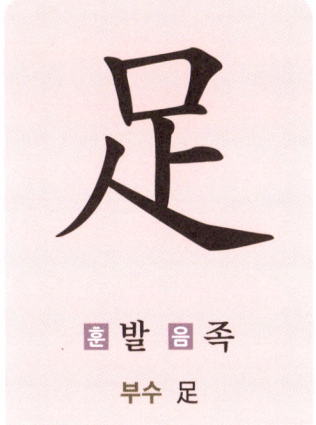

훈 발 음 족

부수 足

뜻 풀이 '발'의 뜻을 나타내는 글자입니다.
허벅다리에서 발까지의 모양을 본뜬 글자이며 不足(부족), 滿足(만족)과 같이 '족하다'의 뜻으로도 쓰입니다.

쓰임 滿足(만족): 마음에 부족함이 없이 흡족함.
不足(부족): 어느 한도에 미치지 않음.

필순 足 足 足 足 足 足 足

🖊 필순에 따라서 足을 쓰고, 훈과 음을 달아 보세요.

足	足	足	足	足	足	足
발 족						

쓰임 더 알아보기

- 手足(수족) 손과 발을 아울러 이르며 손발처럼 부리는 사람을 뜻하기도 함.
- 足球(족구) 공을 발로 차서 승부를 겨루는, 배구 비슷한 운동 경기.

문장 연습
- 나는 축구보다 足球가 더 재미있습니다.

공부한 날: _____ 월 _____ 일

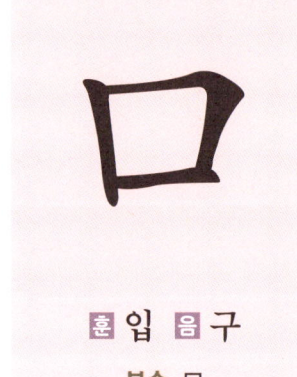

훈 입 음 구
부수 口

뜻 풀이 '입'의 뜻을 나타내는 글자입니다.
사람의 입 모양을 본뜬 글자이며 '어귀'나 '구멍'을 뜻하기도 합니다.

쓰임 出口(출구): 나가는 곳. <예> 이 영화관은 出口가 어디지?
港口(항구): 배가 안전하게 드나들게 해 놓은 곳.

필순 口 口 口

✏️ 필순에 따라서 口를 쓰고, 훈과 음을 달아 보세요.

口	口	口	口	口	口	口
입 구						

쓰임 더 알아보기

- 人口(인구) 일정한 지역에 사는 사람의 수.
- 有口無言(유구무언) '입은 있으나 할 말이 없다'는 뜻.
- 一口二言(일구이언) '한 입으로 두 말을 한다'는 뜻으로, 말을 이랬다 저랬다 바꿈.

문장 연습
- 부산은 한국 제일의 港口 도시야.

공부한 날: _____ 월 _____ 일

훈 목숨 음 명

부수 口

뜻 풀이 '목숨'의 뜻을 나타내는 글자입니다.
입 구(口)에 명령할 령(令)이 합쳐진 글자로 임금의 명령은 목숨처럼 중요하다는 뜻입니다.

쓰임 生命(생명): 살아 있는 목숨.
命令(명령): 윗사람이 아랫사람에게 시킴.

필순 命 命 命 命 命 命 命 命

✏️ 필순에 따라서 命을 쓰고, 훈과 음을 달아 보세요.

命	命	命	命	命	命	命
목숨 명						

쓰임 더 알아보기

- 命中(명중) 화살이나 총알 등이 겨냥한 곳에 바로 맞음.
- 命名(명명) 생물이나 사물에 이름을 지어 붙임.

문장 연습
- 모든 병사들은 命令에 따라 生命을 걸고 돌격하였다.

훈 지아비 **음** 부

부수 大

뜻 풀이 '지아비(남편)'의 뜻을 나타내는 글자입니다.
큰 대(大)자와 한 일(一)자가 합쳐진 모양입니다.

쓰임 人夫(인부): 막벌이꾼. <예> 공사장 人夫
夫人(부인): 남의 아내를 높여 부르는 말.

필순 夫 夫 夫 夫

✏️ 필순에 따라서 夫를 쓰고, 훈과 음을 달아 보세요.

夫	夫	夫	夫	夫	夫	夫
지아비 **부**						

쓰임 더 알아보기

- 大丈夫(대장부) 건장하고 씩씩한 사나이.
- 漁夫之利(어부지리) 둘이 다투는 사이, 엉뚱한 사람이 이익을 보게 됨을 이르는 말.

※ 夫는 '남편'이라는 뜻 외에 '일꾼'의 뜻으로도 쓰입니다.

공부한 날: _____월 _____일

훈 할아비/조상 음 조

부수 示

뜻 풀이 '조상', '선조'의 뜻을 나타내는 글자입니다. 비석과 제단의 모양을 본뜬 글자로 제사를 모시는 대상인 '조상'을 뜻합니다.

쓰임 祖父(조부): 할아버지. <반의·상대어> 祖母(조모)
先祖(선조): 할아버지 이상의 조상.

필순 祖 祖 祖 祖 祖 祖 祖 祖 祖 祖

✏️ 필순에 따라서 祖를 쓰고, 훈과 음을 달아 보세요.

祖	祖	祖	祖	祖	祖	祖
할아비/조상 조						

쓰임 더 알아보기

- 祖上(조상) 아버이 위로 대대의 어른.
- 祖國(조국) 조상 때부터 대대로 살아온 나라.

문장 연습
- 새해를 맞이해 祖上들에게 차례를 지내 인사를 드립니다.

8장 마무리 문제

공부한 날: _____ 월 _____ 일

● 다음 문제에서 빨간색 漢字의 訓(훈)과 音(음)을 써 보세요.

★ 정답은 160쪽에 있습니다.

문 제	훈(뜻)	음(소리)
(1) 男子 화장실을 찾았습니다.		
(2) 老人정에 老人들이 많이 모였습니다.		
(3) 祖母님이 아직 살아 계십니다.		
(4) 少年 少女를 위한 판타지 소설입니다.		
(5) 投^투手가 左手로 공을 던졌습니다.		
(6) 장군은 공격하라는 命^령슈을 내렸어요.		
(7) 공사장에서 일하던 人夫가 다쳤어요.		
(8) 청년은 孝^효子라고 상을 탔습니다.		
(9) 老母님을 업고 병원으로 갔습니다.		
(10) 나는 우리 집 長男입니다.		
(11) 女子아이들이 고무줄놀이를 합니다.		
(12) 흉년이 들어 식량이 不足^부합니다.		
(13) 비서는 사장의 手足처럼 일했습니다.		
(14) 口^령슈에 따라 군인들이 움직였습니다.		
(15) 남의 아내를 높여 夫人이라고 합니다.		
(16) 生命은 소중하니 안전이 제일이다.		
(17) 작품이 당선되어 滿^만足스러웠습니다.		

8장 마무리 문제

공부한 날: _____ 월 _____ 일

● 다음의 訓(훈)과 音(음)에 알맞은 漢字를 써 보세요.

(18) 늙을 로(노)	(19) 목숨 명	(20) 사내 남	(21) 할아비/조상 조	(22) 입 구

(23) 손 수	(24) 아들 자	(25) 적을/젊을 소	(26) 발 족	(27) 지아비 부

● 다음 漢字와 漢字語의 讀音(독음)을 써 보세요.

(28) 足 (　　　)　　(29) 祖 (　　　)　　(30) 老 (　　　)
(31) 少 (　　　)　　(32) 夫 (　　　)　　(33) 男 (　　　)
(34) 手 (　　　)　　(35) 子 (　　　)　　(36) 口 (　　　)
(37) 命 (　　　)　　(38) 男子 (　　　)　　(39) 老少 (　　　)
(40) 手足 (　　　)　　(41) 生命 (　　　)　　(42) 祖父 (　　　)
(43) 人夫 (　　　)

● 다음 漢字의 訓(훈)과 音(음)을 써 보세요.

(44) 男	(45) 祖	(46) 足	(47) 老

(48) 手	(49) 夫	(50) 少	(51) 命

8장 마무리 문제

공부한 날: _____월 _____일

● 다음 漢字語의 뜻에 알맞은 답을 例(예)에서 골라 그 번호를 써 보세요.

〈例〉
① 나이 어린 남자아이
② 왼손
③ 늙은이와 젊은이
④ 맏아들
⑤ 손과 발
⑥ 살아 있는 목숨
⑦ 늙은 어머니

(52) 少年 (　　)   (53) 老少 (　　)
(54) 老母 (　　)   (55) 手足 (　　)
(56) 左手 (　　)   (57) 長男 (　　)
(58) 生命 (　　)

● 다음 밑줄 친 낱말의 뜻에 알맞은 漢字를 써 보세요.

◆ 밖에 나갔다 들어오면 손(59)과 발(60)을 씻어라.
◆ 늙은(61)이나 젊은(62)이나 입(63)에 풀칠을 할 수 없으니 목숨(64)이 위태롭구나.

(59) 손	(60) 발	(61) 늙은

(62) 젊은	(63) 입	(64) 목숨

9장

시간

9장에서 익혀요!

時 間 午 夕
來 世 平 方

7급

공부한 날: ____월 ____일

훈 때 음 시

부수 日

뜻풀이 '때', '시간'의 뜻을 나타내는 글자입니다.
옛날, 절(寺)에서 종을 쳐 하루(日)의 시간을 알려 주던 데서 '때'를 뜻하게 되었습니다.

쓰임 時計(시계): 시간을 나타내는 기계.
時間(시간): 어떤 시각에서 어떤 시각까지의 사이. <예> 국어 時間

필순 時 時 時 時 時 時 時 時 時 時

✏️ 필순에 따라서 時를 쓰고, 훈과 음을 달아 보세요.

時	時	時	時	時	時	時
때 시						

쓰임 더 알아보기

- 時日(시일) 때와 날을 아울러 이르는 말.
- 時代(시대) 어떤 기준에 의하여 구분한 일정한 기간.

문장 연습
- 時計가 고장나서 時間을 잘못 알았어요!

공부한 날: _____월 _____일

間

훈 사이 **음** 간

부수 門

뜻 풀이 '사이'의 뜻을 나타내는 글자입니다.
문(門)틈으로 달빛(月→日)이 스며든다는 데서 '사이'를 뜻하게 되었습니다.

쓰임 中間(중간): 두 사물이나 현상의 사이. 한가운데.
間食(간식): 밥 외에 먹는 군음식.

필순 間 間 間 間 間 間 間 間 間 間 間 間

✏️ 필순에 따라서 間을 쓰고, 훈과 음을 달아 보세요.

間	間	間	間	間	間	間
사이 간						

쓰임 더 알아보기

- **人間**(인간) 사고와 언어 능력을 바탕으로 문명과 사회를 이루고 사는 고등 동물. 사람.
- **草家三間**(초가삼간) '세 칸밖에 안 되는 초가'라는 뜻으로, 아주 작은 집을 이르는 말.

문장 연습
- 회의 中間에 間食 시간이 있습니다.

7급

공부한 날: _____월 _____일

午

훈 낮 음 오
부수 十

- **뜻 풀이**: '낮'의 뜻을 나타내는 글자입니다. 正午(정오)를 기준으로 앞쪽은 오전, 뒤쪽은 오후가 됩니다.
- **쓰임**: 正午(정오): 낮 12시(밤 12시는 자정).
  午前(오전): 자정부터 정오까지의 사이.
- **필순**: 㐅 午 午 午

✏️ 필순에 따라서 午를 쓰고, 훈과 음을 달아 보세요.

午	午	午	午	午	午	午	午
낮 오							

쓰임 더 알아보기

1시	2시	3시	4시	5시	6시	7시	8시	9시	10시	11시	12시	13시	14시	15시	16시	17시	18시	19시	20시	21시	22시	23시	24시
											정오												자정
		午前(오전)												午後(오후)									
밤						낮												밤					

공부한 날: _____월 _____일

夕

훈 저녁 **음** 석

부수 夕

뜻풀이 '저녁'의 뜻을 나타내는 글자입니다.
달 월(月)을 한 획 줄여 만든 글자로 달이 반쯤 보이기 시작하는 때라는 데서 '저녁'을 뜻합니다.

쓰임 朝夕(조석): 아침과 저녁. <예> 朝夕으로 시원하구나.
夕刊(석간): 저녁에 나오는 신문. <반의·상대어> 朝刊(조간)

필순 夕 夕 夕

✏️ 필순에 따라서 夕을 쓰고, 훈과 음을 달아 보세요.

夕	夕	夕	夕	夕	夕	夕
저녁 석						

쓰임 더 알아보기

- 夕食(석식) 저녁에 끼니로 먹는 밥. 저녁밥.
- 夕陽(석양) 저녁때의 햇빛. 또는 저무는 해.
- 七夕(칠석) 음력 7월 7일. 견우와 직녀가 오작교에서 만난다는 전설이 있다.

문장 연습
- 거실에 있는 夕刊 신문을 펼쳐 보았습니다.

공부한 날: _____월 _____일

來

훈 올 음 래(내)

부수 人

뜻 풀이 '오다'의 뜻을 나타내는 글자입니다.
보리 이삭의 모양을 본뜬 글자로 이삭은 하늘에서 온다고 여겨 '오다'의 뜻이 되었습니다.

쓰임 來年(내년): 다음 해. 오는 해. <예> 來年 3月
未來(미래): 아직 오지 않은 앞날.

필순 來 來 來 來 來 來 來 來

✏️ 필순에 따라서 來를 쓰고, 훈과 음을 달아 보세요.

來	來	來	來	來	來	來
올 래(내)						

쓰임 더 알아보기

• 將來(장래) 다가올 앞날.
• 去來(거래) 주고받음. 또는 사고팖.
• 苦盡甘來(고진감래) 고생 끝에 즐거움이 옴.
• 來世(내세) 죽은 뒤 다시 태어나 산다는 미래 세상.

문장 연습
• 나는 **未來**에 어떤 사람이 될까?

※ 來가 낱말의 맨 처음에 오면 '내'로 읽습니다. <예> 來日(내일)

世

훈 인간/세상 **음** 세

부수 −

뜻 풀이 '인간', '세상', '세대'의 뜻을 나타내는 글자입니다. 열 십(十)자 세 개를 나란히 써 30년을 한 세대로 하는 '인간', '세대'를 의미합니다.

쓰임 世界(세계): 지구 위의 모든 지역. 이 세상.
世上(세상): 사람들이 사는 사회. <예> 평화로운 世上

필순 世 世 世 世 世

✏️ 필순에 따라서 世를 쓰고, 훈과 음을 달아 보세요.

世	世	世	世	世	世	世	世
인간/세상 세							

쓰임 더 알아보기
- 出世(출세) 사회적으로 높은 지위에 오르거나 유명하게 됨.
- 後世(후세) 다음에 오는 세상. 또는 다음 세대의 사람들.
- 世上萬事(세상만사) 세상에서 일어나는 온갖 일.

문장 연습
- 2022년 11월, 世界 인구가 80억 명이 넘었습니다.

7급

공부한 날: _____월 _____일

훈 평평할 **음** 평

부수 干

뜻 풀이 '평평하다'의 뜻을 나타내는 글자입니다. 평평한 수면에 개구리밥이 떠 있는 모양을 본떠 만든 글자입니다.

쓰임 平面(평면): 평평한 표면.
平和(평화): 평온하고 화목함.

필순 平 平 平 平 平

✏️ 필순에 따라서 平을 쓰고, 훈과 음을 달아 보세요.

平	平	平	平	平	平	平	平
평평할 평							

쓰임 더 알아보기

- 平生(평생) 세상에 태어나서 죽을 때까지의 동안. 일생.
- 平安(평안) 걱정이나 탈이 없음. 또는 무사히 잘 있음.
- 不平(불평) 마음에 들지 아니하여 못마땅하게 여김.
- 太平聖代(태평성대) 태평한 세상이나 시대.

문장 연습
- 세계 平和를 위하여 戰爭(전쟁)을 막아야 합니다.

- 훈 모　음 방
- 부수 方

뜻 풀이 '모나다'의 뜻을 나타내는 글자입니다. 두 척의 배를 나란히 대 놓은 모양을 본뜬 글자로 '방위'를 나타내기도 합니다.

쓰임 地方(지방): 어느 한 방면의 곳. 서울 밖의 지역.
方向(방향): 향하거나 나아가는 쪽. 방위.

필순 方 方 方 方

✏️ 필순에 따라서 方을 쓰고, 훈과 음을 달아 보세요.

方	方	方	方	方	方	方
모 방						

쓰임 더 알아보기

- 四方八方(사방팔방) 여기저기 모든 방향이나 방면.
- 前方(전방) 향하고 있는 방향과 일치하는 쪽. 앞쪽.
- 方面(방면) 어떤 장소나 지역이 있는 방향. 또는 그 일대.
- 方便(방편) 경우에 따라 이용하는 수단과 방법.

문장 연습
- 남부 地方은 봄이 일찍 찾아옵니다.

9장 마무리 문제

공부한 날: _____ 월 _____ 일

● 다음 문제에서 빨간색 漢字의 訓(훈)과 音(음)을 써 보세요.

★ 정답은 160쪽에 있습니다.

문 제	훈(뜻)	음(소리)
(1) 기차가 떠날 時間이 되었습니다.		
(2) 午前에 공원에서 친구를 만났습니다.		
(3) 夕(양)陽을 보며 집으로 돌아갔습니다.		
(4) 우리는 來日 남산으로 소풍을 갑니다.		
(5) 전쟁이 없는 世上이 되어야 합니다.		
(6) 四方에서 적군이 몰려왔습니다.		
(7) 전쟁이 끝나고 平(화)和가 찾아왔습니다.		
(8) 우리는 中間에 間(식)食을 먹었습니다.		
(9) 時(계)計로 도착 時間을 보았습니다.		
(10) 낮 12시 正午부터 午後가 시작됩니다.		
(11) 朝(조)夕으로 시원한 바람이 붑니다.		
(12) 水平선을 바라보면 시원합니다.		
(13) 할아버지 댁은 地方에 있습니다.		
(14) 未(미)來의 내 모습이 궁금합니다.		
(15) 우리는 더 넓은 世界(계)로 나가야 한다.		
(16) 저녁에 배달되는 夕(간)刊 신문을 봅니다.		
(17) 오빠는 來年에 중학교를 졸업합니다.		

9장 마무리 문제

공부한 날: ____월 ____일

● 다음 漢字와 漢字語의 讀音(독음)을 써 보세요.

(18) 平　(　　　)　　(19) 夕　(　　　)
(20) 時間 (　　　)　　(21) 午前 (　　　)
(22) 來日 (　　　)　　(23) 世上 (　　　)
(24) 四方 (　　　)　　(25) 中間 (　　　)
(26) 平面 (　　　)

● 다음 漢字의 訓(훈)과 音(음)을 써 보세요.

(27) 來	(28) 世	(29) 方	(30) 時
(31) 午	(32) 平	(33) 夕	(34) 間

● 다음의 訓(훈)과 音(음)에 알맞은 漢字를 써 보세요.

(35) 평평할 평	(36) 사이 간	(37) 인간/세상 세	(38) 때 시
(39) 모 방	(40) 저녁 석	(41) 올 래(내)	(42) 낮 오

9장 마무리 문제

공부한 날: _____월 _____일

● 다음 ( ) 안에 알맞은 답을 例(예)에서 골라 그 번호를 써 보세요.

〈例〉
① 세   ② 방   ③ 간   ④ 래(내)
⑤ 때   ⑥ 저녁   ⑦ 낮   ⑧ 평평하다

(43) 午는 (　　)이라는 뜻으로 쓰입니다.
(44) 平은 (　　)라는 뜻으로 쓰입니다.
(45) 時는 (　　)라는 뜻으로 쓰입니다.
(46) 夕은 (　　)이라는 뜻으로 쓰입니다.
(47) 來는 (　　)라고 읽습니다.
(48) 世는 (　　)라고 읽습니다.
(49) 間은 (　　)이라고 읽습니다.
(50) 方은 (　　)이라고 읽습니다.

● 다음 漢字語의 뜻에 알맞은 답을 例(예)에서 골라 그 번호를 써 보세요.

〈例〉
① 자정부터 정오까지의 사이   ② 동서남북 네 방향
③ 낮 12시   ④ 시각과 시각 사이
⑤ 사람들이 사는 사회
⑥ 두 사물이나 현상의 사이

(51) 時間 (　　)   (52) 午前 (　　)
(53) 世上 (　　)   (54) 四方 (　　)
(55) 中間 (　　)   (56) 正午 (　　)

10장

생활(1)

10장에서 익혀요!

住 所 姓 名
登 記 不 便

공부한 날: _____ 월 _____ 일

住

훈 머무를 **음** 주

부수 人(亻)

뜻 풀이 '머무르다', '살다'의 뜻을 나타내는 글자입니다. 사람(人)이 머물러 주인(主)이 되는 곳이라는 데서 '머무르다', '살다'를 뜻합니다.

쓰임 住宅(주택): 사람이 사는 집. <예> 단독 住宅
住民(주민): 일정한 지역에 머물러 사는 사람.

필순 住 住 住 住 住 住 住

✏️ 필순에 따라서 住를 쓰고, 훈과 음을 달아 보세요.

住	住	住	住	住	住	住
머무를 주						

쓰임 더 알아보기

- 住居(주거) 일정한 곳에 머물러 삶. 또는 그런 집.
- 入住(입주) 새로 마련한 집에 들어가 삶.
- 住所(주소) 사람이 살고 있는 곳이나 기관, 회사 따위가 자리잡고 있는 곳을 행정 구역으로 나타낸 것.

문장 연습
- 동네 住民들이 모여서 住宅가 골목에 쌓인 눈을 치웠습니다.

공부한 날: _____월 _____일

훈 바/곳 **음** 소

부수 戶

뜻 풀이 '바', '곳', '경우'의 뜻을 나타내는 글자입니다. '戶(호)'는 門(문)의 반쪽을 본뜬 글자로 문에서 나는 소리가 그'것'이나 '곳'을 알린다는 뜻입니다.

쓰임 場所(장소): 곳. <예> 친구들이 모이는 場所
所聞(소문): 전하여 들리는 말.

필순 所 所 所 所 所 所 所 所

✏️ 필순에 따라서 所를 쓰고, 훈과 음을 달아 보세요.

所	所	所	所	所	所	所
바/곳 소						

쓰임 더 알아보기

- 所得(소득) 일한 결과로 얻은 정신적·물질적 이익.
- 所望(소망) 어떤 일을 바람.
- 適材適所(적재적소) 알맞은 인재를 알맞은 자리에 씀.

문장 연습
- 풍경 좋기로 所聞난 場所가 어디입니까?

117

姓

훈 성씨 **음** 성

부수 女

뜻 풀이 '성씨'의 뜻을 나타내는 글자입니다.
한 여자(女)가 낳은(生) 같은 겨레라는 데서 '성', '성씨'를 나타냅니다.

쓰임 姓名(성명): 성과 이름. <예> 姓名을 써넣으세요.
同姓(동성): 같은 성씨. <예> 同姓 동본

필순 乚 姓 姓 姓 姓 姓 姓 姓

✏️ 필순에 따라서 姓을 쓰고, 훈과 음을 달아 보세요.

姓	姓	姓	姓	姓	姓	姓
성씨 성						

쓰임 더 알아보기

- 姓氏(성씨) '성'을 높여 이르는 말.
- 同姓同本(동성동본) 성씨와 본관이 모두 같음.

문장 연습

- 처음 뵙겠습니다. 姓名이 무엇입니까?

공부한 날: _____월 _____일

훈 이름 **음** 명

부수 口

뜻 풀이 '이름'의 뜻을 나타내는 글자입니다.
저녁(夕)에는 어두워 서로 알아볼 수 없으므로 입(口)으로 이름을 말해 알려야 한다는 데서 '이름'을 뜻합니다.

쓰임 有名(유명): 이름이 널리 알려짐. <예> 有名한 식당
名作(명작): 널리 알려진 이름난 작품. 훌륭한 작품.

필순 名 夕 夕 名 名 名

✏️ 필순에 따라서 名을 쓰고, 훈과 음을 달아 보세요.

名	名	名	名	名	名	名
이름 명						

쓰임 더 알아보기

- **別名**(별명) 사람의 외모나 성격 따위의 특징을 바탕으로 남들이 지어 부르는 이름.
- **名言**(명언) 사리에 맞는 훌륭한 말.
- **作名**(작명) 이름을 지음.

문장 연습
- **世界**(세계)적으로 **有名**한 셰익스피어의 **名作**을 읽었습니다.

7급

공부한 날: ____월 ____일

훈 오를 **음** 등

부수 癶

뜻풀이 '오르다'의 뜻을 나타내는 글자입니다.
登山(등산), 登校(등교), 登場(등장)과 같이 '오르다', '올리다', '나아가다'의 뜻으로 쓰입니다.

쓰임 登山(등산): 산에 오름. <예> 우리 아빠는 登山을 좋아해요.
登記(등기): 장부에 기록하여 올림. <예> 건물 登記

필순 登 登 登 登 登 登 登 登 登 登 登 登

✏️ 필순에 따라서 登을 쓰고, 훈과 음을 달아 보세요.

登	登	登	登	登	登	登
오를 등						

쓰임 더 알아보기

- 登錄(등록) 허가나 인정을 받기 위해 단체나 기관 따위의 문서에 이름을 올림.
- 登用(등용) 인재를 골라 뽑아서 씀.
- 登場人物(등장인물) 연극, 영화, 소설 따위에 나오는 인물.

문장 연습
- 아버지와 함께 관악산으로 登山을 갔습니다.

공부한 날: _____ 월 _____ 일

훈 기록할 음 기

부수 言

뜻풀이 ▶ '기록하다'의 뜻을 나타내는 글자입니다.
말씀 언(言)과 몸 기(己)가 합쳐진 글자로 '기억하다'의 뜻으로도 쓰입니다.

쓰임 ▶ 日記(일기): 그날 마음에 남는 생각을 기록하는 글.
記錄(기록): 뒤에 남기려고 적는 것.

필순 ▶ 記記記記記記記記記記

✏️ 필순에 따라서 記를 쓰고, 훈과 음을 달아 보세요.

記	記	記	記	記	記	記
기록할 기						

쓰임 더 알아보기

• 記事(기사) 일어난 일을 적은 글.
• 筆記(필기) 글씨를 씀.
• 記號(기호) 어떠한 뜻을 나타내기 위하여 쓰이는 부호, 문자, 표지 따위.

문장 연습

• 日記는 자신만의 소중한 記錄입니다.

不

훈 아니 **음** 불(부)

부수 —

뜻 풀이 '아니다'의 뜻을 나타내는 글자입니다.
不正(부정), 不平(불평), 不足(부족)과 같이 不이 붙으면 '~이 아니다'라는 부정의 뜻을 나타냅니다.

쓰임 不幸(불행): 행복하지 않음. <반의·상대어> 幸福(행복)
不平(불평): 마음에 들지 않아 못마땅하게 여김.

필순 不 不 不 不

✏️ 필순에 따라서 不을 쓰고, 훈과 음을 달아 보세요.

不	不	不	不	不	不	不	不
아니 불(부)							

쓰임 더 알아보기

- 不安(불안) 마음이 편하지 아니하고 조마조마함.
- 不知其數(부지기수) 헤아릴 수 없을 만큼 매우 많음.
- 不平不滿(불평불만) 마음에 들지 않아 못마땅하며 마음에 차지 아니함.

문장 연습

- 늘 不平만 하는 사람은 不幸한 사람입니다.

※ 不 다음에 ㄷ이나 ㅈ으로 시작되는 말이 오면 '부'로 읽습니다. <예> 不德(부덕) 不正(부정)

공부한 날: _____월 _____일

훈 편할 음 편
훈 똥오줌 음 변
부수 人(亻)

뜻풀이 '편안하다'의 뜻을 나타내는 글자입니다. 사람(人)이 불편한 것을 고쳐서(更) 편리하게 쓴다는 뜻이며 '똥오줌 변'으로도 쓰입니다.

쓰임 便利(편리): 편하고 손쉬움. <예> 편리한 기계
不便(불편): 편하지 아니함. <예> 불편한 제도

필순 便便便便便便便便便

✏️ 필순에 따라서 便을 쓰고, 훈과 음을 달아 보세요.

便	便	便	便	便	便	便
편할 편/똥오줌 변						

쓰임 더 알아보기

- 簡便(간편) 간단하고 편리함.
- 便所(변소) 용변을 볼 수 있도록 만들어 놓은 시설.
- 郵便(우편) 정부의 관할 아래 서신이나 기타 물품을 국내나 전 세계에 보내는 업무.

더 알아보기2

- 便은 '편하다'의 뜻으로 쓰일 때는 '편'으로 읽습니다. <예> 便利(편리) 不便(불편)
'똥오줌'의 뜻으로 쓰일 때는 '변'으로 읽습니다. <예> 小便(소변) 大便(대변) 便器(변기)

10장 마무리 문제

● 다음 문제에서 빨간색 漢字의 訓(훈)과 音(음)을 써 보세요.

★ 정답은 160쪽에 있습니다.

문 제	훈(뜻)	음(소리)
(1) 우리 집 住所와 우편 번호를 외워요.		
(2) 姓名을 한자로 써 보세요.		
(3) 아빠는 주말마다 登山을 갑니다.		
(4) 나는 매일 日記를 쓰고 있습니다.		
(5) 시장이 멀어서 不便합니다.		
(6) 姓氏가 나와 同姓이군요.		
(7) 所聞난 場所가 어디입니까?		
(8) 학교에 8시 30분까지 登校해요.		
(9) 지하철역이 가까워서 便利합니다.		
(10) 저분은 有名한 소설가입니다.		
(11) 住民들이 住宅가를 청소하였습니다.		
(12) 우체국에서 빠른 登記로 보냈어요.		
(13) 不平만 하는 것은 不幸한 일이다.		
(14) 무사가 登場하자 통쾌하였습니다.		
(15) 便所의 便은 '변'이라고 읽습니다.		
(16) 나는 세계 名作을 많이 읽었어요.		
(17) 잊어버리지 않도록 記錄해 두어라.		

10장 마무리 문제

공부한 날: _____ 월 _____ 일

● 다음 漢字語의 讀音(독음)을 써 보세요.

(18) 日記 (   )   (19) 登山 (   )   (20) 住所 (   )
(21) 姓名 (   )   (22) 不便 (   )   (23) 住民 (   )
(24) 登校 (   )   (25) 登場 (   )   (26) 場所 (   )

● 다음의 訓(훈)과 音(음)에 알맞은 漢字를 써 보세요.

(27) 아니 불(부)	(28) 오를 등	(29) 성씨 성	(30) 머무를 주
(31) 편할 편	(32) 기록할 기	(33) 이름 명	(34) 바/곳 소

● 다음 漢字語의 뜻에 알맞은 답을 例(예)에서 골라 그 번호를 써 보세요.

〈例〉
① 성과 이름
② 학교에 감
③ 산에 오름
④ 편하지 아니함
⑤ 사람이 살고 있는 곳
⑥ 장부에 기록하여 올림
⑦ 마음에 들지 않아 못마땅하게 여김
⑧ 일정한 곳에 머물러 사는 사람
⑨ 배우나 가수 등이 무대에 나옴

(35) 登記 (   )   (36) 住所 (   )
(37) 不便 (   )   (38) 姓名 (   )
(39) 登山 (   )   (40) 登場 (   )
(41) 登校 (   )   (42) 不平 (   )
(43) 住民 (   )

10장 마무리 문제

● 다음 漢字의 訓(훈)과 音(음)을 써 보세요.

(44) 記	(45) 登	(46) 所	(47) 姓
(48) 住	(49) 便	(50) 名	(51) 不

● 다음 漢字는 두 가지 소리로 읽습니다. 각각의 讀音(독음)을 써 보세요.

便	편할 편 똥오줌 변	(52) 不便 (　　　　) (53) 便所 (　　　　)
不	아니 불 아니 부	(54) 不平 (　　　　) (55) 不足 (　　　　)

● 다음 ( ) 안에 알맞은 답을 例(예)에서 골라 그 번호를 써 보세요.

〈例〉　① 오르다　② 기록하다　③ 이름　④ 머무르다
　　　⑤ 편(변)　⑥ 불(부)　⑦ 성　⑧ 소

(56) 登은 (　　)라는 뜻으로 쓰입니다.
(57) 住는 (　　)라는 뜻으로 쓰입니다.
(58) 記는 (　　)라는 뜻으로 쓰입니다.
(59) 名은 (　　)이라는 뜻으로 쓰입니다.
(60) 便은 (　　)이라고 읽습니다.

11장

생활(2)

11장에서 익혀요!

每 事 活 力
孝 道 有 心

훈 매양 **음** 매

부수 母

뜻 풀이 '매양', '~할 때마다'의 뜻을 나타내는 글자입니다. 어머니(母)의 사랑은 늘 한결같다는 데서 '매양', '항상'을 뜻합니다.

쓰임 每年(매년): 해마다. <예> 운동회는 每年 봄에 한다.
每週(매주): 한 주일마다. <예> 每週 등산을 간다.

필순 每 每 每 每 每 每 每

✏️ 필순에 따라서 每를 쓰고, 훈과 음을 달아 보세요.

每	每	每	每	每	每	每
매양 매						

쓰임 더 알아보기

- 每日(매일) 하루하루 모든 날.
- 每月(매월) 한 달 한 달.
- 每事(매사) 하나하나의 모든 일.
- 每番(매번) 어느 때에나 다.

문장 연습
- 우리 학교 每月 첫날 급식은 생일상이라 좋습니다.

공부한 날: _____월 _____일

훈 일 **음** 사

부수 亅

뜻풀이 '일'의 뜻을 나타내는 글자입니다. 손으로 깃대를 세우는 모양을 본떠 만든 글자이며 '일'을 뜻합니다.

쓰임 行事(행사): 어떤 일을 행함. <예> 학교 行事
人事(인사): 안부를 묻거나 공경의 뜻을 표하는 예절.

필순 事 事 事 事 事 事 事 事

✏️ 필순에 따라서 事를 쓰고, 훈과 음을 달아 보세요.

事	事	事	事	事	事	事
일 사						

쓰임 더 알아보기

- 國事(국사) 나라에 관한 일.
- 工事(공사) 토목이나 건축 따위의 일.
- 農事(농사) 농사짓는 일.
- 事件(사건) 사회적으로 문제가 되거나 관심을 끌 만한 일.

문장 연습
- 이번에도 行事가 무사히 끝나 다행입니다.

공부한 날: _____월 _____일

活

훈 살 **음** 활

부수 水(氵)

뜻 풀이 '살다'의 뜻을 나타내는 글자입니다.
물결(氵) 소리가 사람의 말(舌)처럼 기운차다는 뜻이며 '살다', '활발하다'의 뜻으로 쓰입니다.

쓰임 活動(활동): 기운차게 움직임. <예> 봉사 活動
生活(생활): 살아서 활동함. <예> 학교 生活

필순 活 活 活 活 活 活 活 活 活

✏️ 필순에 따라서 活을 쓰고, 훈과 음을 달아 보세요.

活	活	活	活	活	活	活
살 활						

쓰임 더 알아보기

- 復活(부활) 죽었다가 다시 살아남. 쇠퇴하거나 폐지한 것이 다시 성하게 됨.
- 活躍(활약) 활발하게 활동함. 기운차게 뛰어다님.
- 活氣(활기) 활동력이 있거나 활발한 기운.

표현 연습

- 봉사 活動을 하고 나면 뿌듯합니다.

공부한 날: _____월 _____일

力

- **훈** 힘 **음** 력(역)
- **부수** 力

뜻 풀이 '힘'의 뜻을 나타내는 글자입니다. 팔에 힘을 주었을 때 불거져 나오는 근육의 모양을 본뜬 글자입니다.

쓰임 能力(능력): 어떤 일을 해낼 수 있는 힘.
努力(노력): 목적을 이루기 위해 애를 씀. <예> 努力한 결과

필순 力 力

✏️ 필순에 따라서 力을 쓰고, 훈과 음을 달아 보세요.

力	力	力	力	力	力	力
힘 력(역)						

쓰임 더 알아보기

- **國力**(국력) 나라의 힘.
- **水力**(수력) 물의 힘.
- **人力**(인력) 사람의 힘.
- **體力**(체력) 몸의 힘.
- **風力**(풍력) 바람의 힘.
- **活力**(활력) 살아 움직이는 힘.

* 力이 낱말의 맨 처음에 오면 '역'으로 읽습니다. <예> 力道(역도)

孝

훈 효도 **음** 효

부수 子

뜻풀이 '효도'의 뜻을 나타내는 글자입니다.
아들(子)이 노인(耂)을 업은 모습을 본뜬 글자로 부모를 섬긴다는 데서 '효도'를 뜻합니다.

쓰임 孝道(효도): 어버이를 잘 섬기는 도리.
孝行(효행): 어버이를 잘 섬기는 행실.

필순 孝 孝 孝 孝 孝 孝 孝

✏️ 필순에 따라서 孝를 쓰고, 훈과 음을 달아 보세요.

孝	孝	孝	孝	孝	孝	孝
효도 효						

쓰임 더 알아보기

- 孝心(효심) 효성스러운 마음.
- 孝誠(효성) 정성을 다하여 부모를 섬기는 마음이나 태도.
- 不孝(불효) 부모를 잘 섬기지 않아 자식된 도리를 못함.

문장 연습

- 그는 남다른 孝行으로 孝道의 모범을 보였습니다.

훈 길 **음** 도

부수 辵(辶)

뜻 풀이 '길'의 뜻을 나타내는 글자입니다.
사람이 지나다니는 '길'과 사람이 지켜야 하는 '도리'의 뜻으로 쓰입니다.

쓰임 車道(차도): 차가 다니는 길.
道理(도리): 사람이 마땅히 지켜야 할 바른 길.

필순 道 道 道 道 道 道 道 道 首 道 道 道 道

✏️ 필순에 따라서 道를 쓰고, 훈과 음을 달아 보세요.

道	道	道	道	道	道	道
길 도						

쓰임 더 알아보기

- 道路(도로) 사람이나 차 등이 다닐 수 있도록 땅 위에 만들어 놓은 길.
- 道具(도구) 일을 할 때 쓰는 연장.
- 道德(도덕) 인간이 지켜야 할 도리나 바람직한 행동 규범.

문장 연습

- 약속을 어기는 것은 道理에 어긋납니다.

공부한 날: _____월 _____일

훈 있을 **음** 유

부수 月

뜻 풀이 '있다'의 뜻을 나타내는 글자입니다. 오른손에 고기를 들고 있는 모양을 본떠서 만들었습니다.

쓰임 有利(유리): 이로움이 있음. <예> 우리한테 有利하다.
有力(유력): 힘이 있음. <예> 우승이 有力한 팀

필순 有 有 有 有 有 有

✏️ 필순에 따라서 有를 쓰고, 훈과 음을 달아 보세요.

有	有	有	有	有	有	有
있을 유						

쓰임 더 알아보기

- 有能(유능) 재능이나 능력이 있음.
- 有名(유명) 이름이 널리 알려짐.
- 有識(유식) 아는 것이 많음.
- 有益(유익) 이롭거나 도움이 됨.
- 有罪(유죄) 잘못이나 죄가 있음.
- 有害(유해) 해로움이 있음.

공부한 날: _____ 월 _____ 일

훈 마음 음 심
부수 心

뜻풀이 '마음'의 뜻을 나타내는 글자입니다.
사람의 심장 모양을 본뜬 글자로 心이 붙으면 '~의 마음'이라는 뜻이 됩니다.

쓰임 人心(인심): 사람의 마음. <예> 人心 좋은 마을
愛國心(애국심): 나라를 사랑하는 마음.

필순 心 心 心 心

✏️ 필순에 따라서 心을 쓰고, 훈과 음을 달아 보세요.

心	心	心	心	心	心	心
마음 심						

쓰임 더 알아보기
- 民心(민심) 백성의 마음.
- 童心(동심) 어린아이의 마음.
- 眞心(진심) 거짓이 없는 참된 마음.
- 忠心(충심) 충성스러운 마음.

11장 마무리 문제

●다음 문제에서 빨간색 漢字의 訓(훈)과 音(음)을 써 보세요.

★ 정답은 160쪽에 있습니다.

문 제	훈(뜻)	음(소리)
(1) 매사에 活力이 없으니 큰일이구나!		
(2) 우리 학교는 每年 운동회를 합니다.		
(3) 나는 人事를 잘해서 칭찬받아요.		
(4) '심청전'에 나오는 심청은 孝女예요.		
(5) 우리 마을은 人心이 참 좋습니다.		
(6) 道理에 어긋나게 행동하면 안 된다!		
(7) 오늘은 봉사 活動이 있는 날입니다.		
(8) 선생님은 每週 등산을 하십니다.		
(9) 나는 학교 生活이 즐겁습니다.		
(10) 교육은 國力을 기르는 데 중요합니다.		
(11) 孝道는 부모를 기쁘게 해 드리는 것.		
(12) 정치를 잘못하면 民心이 떠납니다.		
(13) 이번 선거에서 有力한 후보입니다.		
(14) 車道에서 놀면 위험합니다.		
(15) 노인은 아이를 有心히 바라보았어요.		
(16) 형은 좋은 대학에 갈 能力이 있어요.		
(17) 바람이 불지만 우리 편이 有利해요.		

11장 마무리 문제

● 다음 漢字語의 뜻에 알맞은 답을 例(예)에서 골라 그 번호를 써 보세요.

〈例〉
① 사람의 마음
② 기운차게 움직임
③ 힘이 있음
④ 어버이를 잘 섬기는 딸
⑤ 살아서 활동함
⑥ 살아 움직이는 힘
⑦ 하나하나의 일. 일마다
⑧ 안부를 묻거나 공경의 뜻을 표하는 예절
⑨ 이름이 널리 알려짐

(18) 每事 (　　) (19) 人事 (　　) (20) 活力 (　　)
(21) 有名 (　　) (22) 人心 (　　) (23) 生活 (　　)
(24) 活動 (　　) (25) 有力 (　　) (26) 孝女 (　　)

● 다음의 訓(훈)과 音(음)에 알맞은 漢字를 써 보세요.

(27) 마음 심	(28) 힘 력(역)	(29) 매양 매	(30) 길 도
(31) 있을 유	**(32) 살 활**	**(33) 효도 효**	**(34) 일 사**

● 다음의 漢字語 중에서 서로 비슷한 뜻으로 쓰이는 낱말 둘을 골라 그 번호를 써 보세요.

〈例〉 ① 孝心　② 民心　③ 童心(동)　④ 人心　⑤ 忠心(충)

(35) 비슷하게 쓰이는 말 (　　), (　　)

11장 마무리 문제

●다음 漢字의 訓(훈)과 音(음)을 써 보세요.

(36) 力	(37) 孝	(38) 心	(39) 每

(40) 活	(41) 有	(42) 道	(43) 事

●다음 漢字語의 讀音(독음)을 써 보세요.

(44) 人心 (   )　　　(45) 孝女 (   )
(46) 有力 (   )　　　(47) 每事 (   )
(48) 活動 (   )　　　(49) 活力 (   )
(50) 孝道 (   )　　　(51) 有心 (   )
(52) 國力 (   )

●다음 ( ) 안에 알맞은 답을 例(예)에서 골라 그 번호를 써 보세요.

〈例〉　① 마음　② 길(도리)　③ 힘　④ 일
　　　⑤ 매　⑥ 유　⑦ 활　⑧ 효

(53) 力은 (   )이라는 뜻으로 쓰입니다.
(54) 事는 (   )이라는 뜻으로 쓰입니다.
(55) 心은 (   )이라는 뜻으로 쓰입니다.
(56) 道는 (   )이라는 뜻으로 쓰입니다.
(57) 活은 (   )이라고 읽습니다.
(58) 有는 (   )라고 읽습니다.

12장

생활(3)

12장에서 익혀요!

車 內 安 全
主 食 重 旗

7급

공부한 날: _____월 _____일

훈 수레 **음** 거/차

부수 車

뜻 풀이 '자동차', '수레'의 뜻을 나타내는 글자입니다. 수레의 모양을 본뜬 글자이며 주로 '자동차'의 뜻으로 쓰입니다.

쓰임 戰車(전차): 전쟁에서 쓰는 차. 탱크.
汽車(기차): 선로 위로 다니는 탈것.

필순 車 車 車 車 車 車 車

✏️ 필순에 따라서 車를 쓰고, 훈과 음을 달아 보세요.

車	車	車	車	車	車	車
수레 거/차						

쓰임 더 알아보기

- 乘車(승차) 차를 탐.
- 駐車(주차) 차를 일정한 곳에 세워 둠.
- 自動車(자동차) 원동기의 동력으로 바퀴를 굴려 땅 위를 주행하는 차.

※ 車는 자전거를 나타낼 때는 '거'로 읽습니다.

공부한 날: ____월 ____일

훈 **안** 음 **내**
부수 入

뜻 풀이 '안'의 뜻을 나타내는 글자입니다.
세 방면(冂)이 가려진 곳에 들어간다(入)는 데서 '안'을 뜻하며 '들일 납'으로도 쓰입니다.

쓰임 室內(실내): 방 안. <반의·상대어> 室外(실외)
內外(내외): 안과 바깥. 국내와 외국. 부부.

필순 內 內 內 內

✏️ 필순에 따라서 內를 쓰고, 훈과 음을 달아 보세요.

內	內	內	內	內	內	內	內
안 내							

쓰임 더 알아보기

- 內容(내용) 말 또는 글의 기본 줄거리나 담겨진 사상. 사물의 속내를 이루는 것.
- 內面(내면) 물건의 안쪽.
- 內部(내부) 안쪽의 부분.

문장 연습
- 室內 환기를 위해 창문을 활짝 열었습니다.

7급

공부한 날: _____월 _____일

훈 편안할 **음** 안

부수 宀

뜻 풀이 '편안하다'의 뜻을 나타내는 글자입니다.
여자(女)가 집(宀) 안에 다소곳이 앉아 있는 모습을 본뜬 글자입니다.

쓰임 安心(안심): 편안한 마음. <예> 잘 있으니 安心해라.
安全(안전): 위험이 없음. <예> 교통 安全

필순 安 安 安 安 安 安

✏️ 필순에 따라서 安을 쓰고, 훈과 음을 달아 보세요.

安	安	安	安	安	安	安
편안할 안						

쓰임 더 알아보기

- 便安(편안) 편하고 걱정 없이 좋음.
- 治安(치안) 국가 사회의 안녕과 질서를 유지·보전함.
- 坐不安席(좌불안석) 불안하거나 걱정스러워 가만히 앉아 있지 못하고 안절부절못하는 모양.

문장 연습
- 安全한 곳으로 건너야 安心합니다.

공부한 날: _____월 _____일

全

훈 온전할 **음** 전

부수 入

뜻 풀이 '온전하다', '모두'의 뜻을 나타내는 글자입니다. 구슬(玉→王) 중에서 흠이 없는 것만 골라 낸다는 데서 '온전하다'를 뜻합니다.

쓰임 全國(전국): 온 나라. <예> 全國 체육 대회
全力(전력): 모든 힘. <예> 全力을 다해 싸워라!

필순 全 全 全 全 全 全

✏️ 필순에 따라서 全을 쓰고, 훈과 음을 달아 보세요.

全	全	全	全	全	全	全
온전할 전						

쓰임 더 알아보기

- 全部(전부) 어떤 대상을 이루는 낱낱을 모두 합친 것.
- 全員(전원) 전체 인원.
- 完全(완전) 모자람이나 흠 없이 모두 갖추어짐.
- 完全無缺(완전무결) 아무런 결점이나 부족한 것이 없음.

문장 연습
- 全國 체육 대회에 나가서 全力을 다해 싸워라!

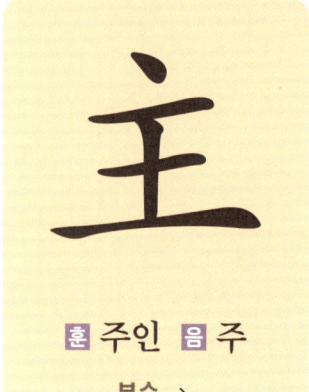

훈 주인 **음** 주

부수 丶

뜻 풀이 ▶ '주인'의 뜻을 나타내는 글자입니다.
촛대(등잔걸이) 위의 등불 모양을 본뜬 글자로 방 한가운데를 차지한 등불이 '주인' 같다는 뜻입니다.

쓰임 ▶ 主人(주인): 집안을 이끌어 나가는 사람. 물건의 임자.
主張(주장): 자기 의견을 내세움.

필순 ▶ 主 主 主 主 主

✏️ 필순에 따라서 主를 쓰고, 훈과 음을 달아 보세요.

主	主	主	主	主	主	主
주인 주						

쓰임 더 알아보기

- 主題(주제) 대화나 연구 따위에서 중심이 되는 문제.
- 主權(주권) 국가의 의사를 최종적으로 결정하는 권력.
- 主人公(주인공) 연극, 영화, 소설 등에서 사건의 중심이 되는 인물.

문장 연습

- 主人은 손님이 범인이라고 主張하였습니다.

공부한 날: _____월 _____일

훈 밥/먹을 음 식

부수 食

뜻 풀이 '밥', '먹다'의 뜻을 나타내는 글자입니다.
낟알(皀)이 모여(亼) 있는 모양 또는 밥이 그릇에 수북이 담겨 있는 모양을 본뜬 글자입니다.

쓰임 食堂(식당): 음식을 파는 가게. <예> 한국 食堂
食事(식사): 음식을 먹는 일. <예> 저녁 食事

필순 食 食 食 食 食 食 食 食 食

✏️ 필순에 따라서 食을 쓰고, 훈과 음을 달아 보세요.

食	食	食	食	食	食	食
밥/먹을 식						

쓰임 더 알아보기

- 過食(과식) 지나치게 먹음.
- 小食(소식) 음식을 적게 먹음.
- 主食(주식) 주로 먹는 것.
- 肉食(육식) 고기를 먹음.
- 菜食(채식) 채소를 먹음.
- 會食(회식) 모여서 먹음.
- 食口(식구) 한 집에 살며 끼니를 같이하는 사람.

145

重

훈 무거울 **음** 중

부수 里

뜻 풀이 '무겁다', '중요하다'의 뜻을 나타내는 글자입니다. 사람이 등에 무거운 짐을 지고 가는 모습을 본뜬 글자입니다.

쓰임 重大(중대): 매우 중요함. <예> 重大한 사건
重病(중병): 무거운 병. <예> 重病을 앓는 환자

필순 重 重 重 重 重 重 重 重 重

✏️ 필순에 따라서 重을 쓰고, 훈과 음을 달아 보세요.

重	重	重	重	重	重	重
무거울 중						

쓰임 더 알아보기

- **重**力(중력) 지구 위의 물체가 지구로부터 받는 힘.
- 愼**重**(신중) 가볍게 행동하지 않고 조심스러움.
- 捲土**重**來(권토중래) 한 번 실패했으나 힘을 회복하여 다시 쳐들어옴을 이르는 말.

문장 예시
- 임금님이 **重**病을 앓고 있다는 **重**大한 소식을 발표했습니다.

공부한 날: _____월 _____일

훈 기 음 기

부수 方

뜻 풀이 '기', '깃발'의 뜻을 나타내는 글자입니다.
깃발 언(㫃)에 그 기(其)가 합쳐진 글자입니다.

쓰임 國旗(국기): 나라를 상징하는 깃발.
校旗(교기): 학교를 상징하는 깃발.

필순 旗 旗 旗 旗 旗 旗 旗 旗 旗 旗 旗 旗 旗 旗

✏️ 필순에 따라서 旗를 쓰고, 훈과 음을 달아 보세요.

旗	旗	旗	旗	旗	旗	旗
기 기						

쓰임 더 알아보기

• 旗手(기수) 행사 때 대열의 앞에서 기를 들고 가는 사람.
• 反旗(반기) 반대의 뜻을 나타내는 행동이나 표시.
• 白旗(백기) 전쟁이나 싸움에서 항복의 표시로 쓰는 흰 기.

문장 연습
• 우리나라의 國旗는 태극기(太極旗)입니다.

12장 마무리 문제

공부한 날: _____ 월 _____ 일

● 다음 문제에서 빨간색 漢字의 訓(훈)과 音(음)을 써 보세요.

★ 정답은 160쪽에 있습니다.

문 제	훈(뜻)	음(소리)
(1) 車內에서 잠시 기다렸습니다.		
(2) 한국인의 主食은 쌀입니다.		
(3) 主人이 친절하게 안내해 주었습니다.		
(4) 全國 마라톤 대회에 나갈 것입니다.		
(5) 어린 동생이 돌아와서 安心이야!		
(6) 校旗를 들고 행진하였습니다.		
(7) 汽車를 타고 바깥 경치를 구경했어요.		
(8) 결승전이니 全力을 다해 싸워라!		
(9) 공사장에서는 安全이 제일입니다.		
(10) 食口들과 같이 食事하시지요.		
(11) 광복절은 國旗를 다는 날입니다.		
(12) 대통령이 重大한 발표를 하였어요.		
(13) 室內에서 떠들지 말고 나가서 놀자.		
(14) 차도에서 自轉車를 타면 위험해!		
(15) 집 內外를 깨끗이 청소했어요.		
(16) 이것은 重要한 서류입니다.		
(17) 앉으신 자리가 便安하십니까?		

12장 마무리 문제

공부한 날: _____ 월 _____ 일

● 다음 漢字語의 讀音(독음)을 써 보세요.

(18) 安全 (   )　　(19) 全國 (   )
(20) 安心 (   )　　(21) 重大 (   )
(22) 國旗 (   )　　(23) 校旗 (   )
(24) 電車 (   )　　(25) 車內 (   )
(26) 全力 (   )　　(27) 主食 (   )
(28) 食事 (   )　　(29) 自轉車 (   )

● 다음 漢字의 訓(훈)과 音(음)을 써 보세요.

(30) 全	(31) 食	(32) 車	(33) 旗
(34) 內	(35) 重	(36) 主	(37) 安

● 다음 漢字語의 뜻에 알맞은 답을 例(예)에서 골라 그 번호를 써 보세요.

〈例〉
① 안과 바깥　　② 주로 먹는 것
③ 모든 힘　　④ 방 안
⑤ 온 나라　　⑥ 나라를 상징하는 깃발
⑦ 위험이 없음　　⑧ 가볍지 않고 매우 중요함
⑨ 몸과 마음이 편하고 좋음

(38) 主食 (   )　　(39) 重大 (   )　　(40) 安全 (   )
(41) 全國 (   )　　(42) 便安 (   )　　(43) 國旗 (   )
(44) 室內 (   )　　(45) 全力 (   )　　(46) 內外 (   )

12장 마무리 문제

● 다음의 訓(훈)과 音(음)에 알맞은 漢字를 써 보세요.

(47) 기 기	(48) 편안할 안	(49) 무거울 중	(50) 밥/먹을 식
(51) 온전할 전	(52) 수레 거/차	(53) 주인 주	(54) 안 내

● 빈 칸에 알맞은 漢字를 例(예)에서 골라 그 번호를 써 보세요.

〈例〉 ① 車   ② 內   ③ 安   ④ 旗
      ⑤ 主   ⑥ 全   ⑦ 食   ⑧ 重

(55) 가볍지 않고 매우 중요함 ……………… ☐ 大

(56) 위험이 없음 ……………………………… 安 ☐

(57) 주로 먹는 것 ……………………………… ☐ 食

(58) 나라를 상징하는 깃발 ………………… 國 ☐

(59) 차 안 …………………………………… ☐ 內

(60) 한 집에 살며 끼니를 같이하는 사람 …… ☐ 口

(61) 안과 바깥 ……………………………… ☐ 外

7급 한자 총정리

총정리해 봐요!

7급 100자 쓰기(신출 한자)

7급 150자 보기(8급 포함)

두음법칙

7급 한자 총정리 (1)

다음 漢字의 訓(훈)과 音(음)을 써 보세요.

家	歌	間	江	車	工	空
口	氣	記	旗	男	內	農
答	道	同	冬	洞	動	登
來	力	老	里	林	立	每
面	名	命	文	問	物	方
百	夫	不	事	算	上	色
夕	姓	世	少	所	手	數

★ 7급 신출 한자 100자(8급 50자는 제외)입니다.

市	時	食	植	心	安	語
然	午	右	有	育	邑	入
自	子	字	場	電	全	前
正	祖	足	左	主	住	重
紙	地	直	川	千	天	草
村	秋	春	出	便	平	下	夏
漢	海	話	花	活	孝	後	休

7급 한자 총정리 (2)

✏️ 다음의 訓(훈)과 音(음)에 알맞은 漢字를 써 보세요.

집 가	노래 가	사이 간	강/물 강	수레 거/차	장인 공	빌 공	
입 구	기운 기	기록할 기	기 기	사내 남	안 내	농사 농	
대답할 답	길 도	한가지 동	겨울 동	고을 동	움직일 동	오를 등	
올 래(내)	힘 력(역)	늙을 로(노)	마을 리(이)	수풀 림(임)	설 립(입)	매양 매	
낯 면	이름 명	목숨 명	글월 문	물을 문	물건 물	모 방	
일백 백	지아비 부	아니 불/부	일 사	셈할 산	위 상	빛 색	
저녁 석	성씨 성	인간/세상 세	적을/젊을 소	바/곳 소	손 수	셀 수	

★ 7급 신출 한자 100자(8급 50자는 제외)입니다.

저자 시	때 시	밥/먹을 식	심을 식	마음 심	편안할 안	말씀 어
그럴 연	낮 오	오른쪽 우	있을 유	기를 육	고을 읍	들 입
스스로 자	아들 자	글자 자	마당/곳 장	번개 전	온전할 전	앞 전
바를 정	할아비/조상 조	발 족	왼쪽 좌	주인 주	머무를 주	무거울 중
종이 지	땅 지	곧을 직	내 천	일천 천	하늘 천	풀 초
마을 촌	가을 추	봄 춘	날 출	편할 편/똥오줌 변	평평할 평	아래 하	여름 하
한나라 한	바다 해	말할 화	꽃 화	살 활	효도 효	뒤 후	쉴 휴

7급 한자 총정리 (3)

7급 한자 150자(8급 50자 포함)

家	歌	間	江	車	工	空	校
집 가	노래 가	사이 간	강/물 강	수레 거/차	장인 공	빌 공	학교 교
敎	口	九	國	軍	金	氣	記
가르칠 교	입 구	아홉 구	나라 국	군사 군	쇠 금/성 김	기운 기	기록할 기
旗	南	男	內	女	年	農	答
기 기	남녘 남	사내 남	안 내	계집 녀(여)	해 년(연)	농사 농	대답할 답
大	道	同	冬	東	洞	動	登
큰 대	길 도	한가지 동	겨울 동	동녘 동	고을 동	움직일 동	오를 등
來	力	老	六	里	林	立	萬
올 래(내)	힘 력(역)	늙을 로(노)	여섯 륙(육)	마을 리(이)	수풀 림(임)	설 립(입)	일만 만
每	面	名	命	母	木	文	門
매양 매	낯 면	이름 명	목숨 명	어미 모	나무 목	글월 문	문 문
問	物	民	方	白	百	父	夫
물을 문	물건 물	백성 민	모 방	흰 백	일백 백	아비 부	지아비 부
北	不	四	事	山	算	三	上
북녘 북/달아날 배	아니 불(부)	넉 사	일 사	메 산	셈할 산	석 삼	위 상
色	生	西	夕	先	姓	世	小
빛 색	날 생	서녘 서	저녁 석	먼저 선	성씨 성	인간/세상 세	작을 소
少	所	水					
적을/젊을 소	바/곳 소	물 수					

★ 분홍색 글자는 8급 한자입니다.

手	數	市	時	食	植	室	心
손 수	셀 수	저자 시	때 시	밥/먹을 식	심을 식	집/실내 실	마음 심
十	安	語	然	五	午	王	外
열 십	편안할 안	말씀 어	그럴 연	다섯 오	낮 오	임금 왕	바깥 외
右	月	有	育	邑	二	人	一
오른쪽 우	달 월	있을 유	기를 육	고을 읍	두 이	사람 인	한 일
日	入	自	子	字	長	場	電
날 일	들 입	스스로 자	아들 자	글자 자	긴/어른 장	마당/곳 장	번개 전
全	前	正	弟	祖	足	左	主
온전할 전	앞 전	바를 정	아우 제	할아비/조상 조	발 족	왼쪽 좌	주인 주
住	中	重	紙	地	直	川	千
머무를 주	가운데 중	무거울 중	종이 지	땅 지	곧을 직	내 천	일천 천
天	靑	草	寸	村	秋	春	出
하늘 천	푸를 청	풀 초	마디 촌	마을 촌	가을 추	봄 춘	날 출
七	土	八	便	平	下	夏	學
일곱 칠	흙 토	여덟 팔	편할 편/똥오줌 변	평평할 평	아래 하	여름 하	배울 학
韓	漢	海	兄	火	話	花	活
나라/한국 한	한나라 한	바다 해	형/맏 형	불 화	말할 화	꽃 화	살 활
孝	後	休					
효도 효	뒤 후	쉴 휴					

7급 한자 총정리 (4)

頭音法則(두음 법칙)

같은 글자라도 낱말의 첫머리에 올 때와 뒤에 올 때 소리가 다른 경우가 있습니다.
이처럼 낱말의 첫머리가 다른 음(소리)으로 발음되는 것을 '두음 법칙'이라고 합니다.

ㄴ이 ㅇ으로 女(녀) / 年(년)	女 계집 녀(여)	● 낱말의 뒤에 올 때는 **녀**로 읽는다. 　男女(남녀)　長女(장녀)　海女(해녀) ● 낱말의 맨 앞에 올 때는 **여**로 읽는다. 　女子(여자)　女人(여인)　女性(여성)
	年 해 년(연)	● 낱말의 뒤에 올 때는 **년**으로 읽는다. 　靑年(청년)　少年(소년)　百年(백년) ● 낱말의 맨 앞에 올 때는 **연**으로 읽는다. 　年少(연소)　年數(연수)　年金(연금)
ㄹ이 ㄴ으로 來(래) / 老(로)	來 올 래(내)	● 낱말의 뒤에 올 때는 **래**로 읽는다. 　未來(미래)　將來(장래)　外來(외래) ● 낱말의 맨 앞에 올 때는 **내**로 읽는다. 　來年(내년)　來日(내일)　來往(내왕)
	老 늙을 로(노)	● 낱말의 뒤에 올 때는 **로**로 읽는다. 　敬老(경로)　村老(촌로)　年老(연로) ● 낱말의 맨 앞에 올 때는 **노**로 읽는다. 　老人(노인)　老少(노소)　老松(노송)
ㄹ이 ㅇ으로 六(륙) / 力(력) 林(림) / 立(립) 里(리)	林 수풀 림(임)	● 낱말의 뒤에 올 때는 **림**으로 읽는다. 　山林(산림)　森林(삼림)　松林(송림) ● 낱말의 맨 앞에 올 때는 **임**으로 읽는다. 　林業(임업)　林間(임간)　林野(임야)
	力 힘 력(역)	● 낱말의 뒤에 올 때는 **력**으로 읽는다. 　國力(국력)　努力(노력)　全力(전력) ● 낱말의 맨 앞에 올 때는 **역**으로 읽는다. 　力道(역도)　力技(역기)　力士(역사)

7급 한자 마무리 문제 정답

1장 p.12~14

(1)저자 시 (2)낯 면 (3)마을 리(이) (4)농사 농 (5)고을 동
(6)고을 읍 (7)마을 촌 (8)집 가 (9)낯 면 (10)농사 농
(11)고을 동 (12)저자 시 (13)집 가 (14)낯 면 (15)고을 읍
(16)저자 시 (17)고을 동 (18)② (19)④ (20)⑥ (21)⑧ (22)⑦
(23)① (24)⑤ (25)③ (26)村 (27)里 (28)市 (29)家 (30)邑
(31)農 (32)洞 (33)面 (34)농 (35)동 (36)시 (37)촌 (38)리(이)
(39)가 (40)면 (41)읍 (42)⑤ (43)② (44)③ (45)① (46)②
(47)⑥ (48)④ (49)④ (50)② (51)⑧ (52)⑦ (53)⑤ (54)⑤
(55)① (56)① (57)④ (58)⑥ (59)②

2장 p.24~26

(1)위 상 (2)들 입 (3)뒤 후 (4)들 입 (5)날 출 (6)왼쪽 좌
(7)위 상 (8)날 출 (9)아래 하 (10)날 출 (11)오른쪽 우
(12)앞 전 (13)아래 하 (14)날 출 (15)오른쪽 우 (16)아래 하
(17)들 입 (18)出 (19)後 (20)上 (21)前 (22)右 (23)下 (24)入
(25)左 (26)전 (27)상 (28)좌 (29)출 (30)우 (31)후 (32)하
(33)입 (34)⑥ (35)③ (36)⑤ (37)⑦ (38)④ (39)⑧ (40)②
(41)① (42)② (43)③ (44)⑦ (45)⑤ (46)⑧ (47)⑥ (48)①
(49)④ (50)④ (51)② (52)③ (53)① (54)⑧ (55)⑦ (56)②
(57)③ (58)④ (59)⑥ (60)⑤ (61)⑦ (62)① (63)⑧

3장 p.36~38

(1)스스로 자 (2)가을 추 (3)겨울 동 (4)여름 하 (5)봄 춘
(6)하늘 천 (7)그럴 연 (8)스스로 자 (9)땅 지 (10)여름 하
(11)겨울 동 (12)땅 지 (13)그럴 연 (14)여름 하 (15)가을 추
(16)땅 지 (17)스스로 자 (18)夏 (19)天 (20)自 (21)冬 (22)然
(23)春 (24)地 (25)秋 (26)천 (27)동 (28)춘 (29)추 (30)연
(31)지 (32)하 (33)자 (34)① (35)③ (36)⑧ (37)⑥ (38)⑤
(39)④ (40)① (41)② (42)春 (43)夏 (44)秋 (45)冬 (46)⑤
(47)⑧ (48)⑦ (49)⑥ (50)③ (51)① (52)② (53)② (54)③
(55)⑤ (56)⑦ (57)⑧

4장 p.50~52

(1)바다 해 (2)빌 공 (3)강/물 강 (4)심을 식 (5)움직일 동
(6)풀 초 (7)꽃 화 (8)물건 물 (9)수풀 림(임) (10)움직일 동
(11)꽃 화 (12)바다 해 (13)빌 공 (14)강/물 강 (15)내 천
(16)바다 해 (17)풀 초 (18)花 (19)川 (20)林 (21)草 (22)海
(23)江 (24)動 (25)空 (26)植 (27)物 (28)동 (29)강 (30)림
(임) (31)초 (32)해 (33)화 (34)공 (35)식 (36)천 (37)물
(38)빌 공 (39)풀 초 (40)움직일 동 (41)꽃 화 (42)내 천
(43)바다 해 (44)강/물 강 (45)수풀 림(임) (46)물건 물
(47)심을 식 (48)③ (49)④ (50)② (51)① (52)⑤ (53)⑩
(54)⑨ (55)⑦ (56)⑧ (57)⑥ (58)⑤ (59)① (60)⑦ (61)④
(62)③ (63)⑧ (64)⑥

5장 p.62~64

(1)장인 공 (2)빛 색 (3)쉴 휴 (4)번개 전 (5)마당/곳 장
(6)장인 공 (7)한가지 동 (8)쉴 휴 (9)번개 전 (10)마당/곳 장
(11)기운 기 (12)종이 지 (13)기운 기 (14)쉴 휴 (15)빛 색
(16)한가지 동 (17)종이 지 (18)同 (19)場 (20)工 (21)氣
(22)休 (23)紙 (24)電 (25)色 (26)장 (27)전 (28)색 (29)지
(30)공 (31)동 (32)기 (33)휴 (34)공장 (35)휴지 (36)전기
(37)동색 (38)종이 지 (39)기운 기 (40)쉴 휴 (41)장인 공
(42)빛 색 (43)마당/곳 장 (44)한가지 동 (45)번개 전 (46)④
(47)① (48)③ (49)② (50)⑧ (51)⑤ (52)⑦ (53)⑥ (54)③
(55)② (56)⑥ (57)⑧ (58)① (59)⑦

6장 p.74~76

(1)노래 가 (2)한나라 한 (3)글자 자 (4)말할 화 (5)대답할 답
(6)노래 가 (7)말할 화 (8)말씀 어 (9)말할 화 (10)말씀 어
(11)물을 문 (12)대답할 답 (13)말할 화 (14)글월 문 (15)물을 문
(16)노래 가 (17)말할 화 (18)話 (19)字 (20)漢 (21)文 (22)歌
(23)問 (24)語 (25)答 (26)문 (27)어 (28)가 (29)한 (30)자
(31)화 (32)답 (33)문 (34)문자 (35)문답 (36)한어 (37)가수
(38)① (39)⑥ (40)③ (41)⑦ (42)④ (43)② (44)⑧ (45)⑤
(46)물을 문 (47)노래 가 (48)대답할 답 (49)글월 문 (50)말할 화
(51)한나라 한 (52)글자 자 (53)말씀 어 (54)③ (55)④ (56)①
(57)② (58)⑤ (59)⑥ (60)⑦ (61)⑧

7장 p.86~88

(1)일천 천 (2)셈할 수 (3)일백 백 (4)기를 육 (5)설 립(입)
(6)바를 정 (7)기를 육 (8)바를 정 (9)설 립(입) (10)곧을 직
(11)셈할 산 (12)설 립(입) (13)곧을 직 (14)일백 백 (15)셈할 수
(16)셈할 산 (17)기를 육 (18)育 (19)百 (20)數 (21)立 (22)千
(23)算 (24)直 (25)正 (26)정 (27)산 (28)천 (29)수 (30)육
(31)백 (32)직 (33)립(입) (34)산수 (35)정직 (36)교육 (37)천백
(38)⑤ (39)③ (40)② (41)④ (42)⑧ (43)설 립(입) (44)셈할 산
(45)일천 천 (46)기를 육 (47)곧을 직 (48)셈할 수 (49)바를 정
(50)일백 백 (51)⑤ (52)⑧ (53)⑦ (54)⑥ (55)④ (56)①
(57)③ (58)②

8장 p.100~102

(1)사내 남 (2)늙을 로(노) (3)할아비/조상 조 (4)적을/젊을 소
(5)손 수 (6)목숨 명 (7)지아비 부 (8)아들 자 (9)늙을 로(노)
(10)사내 남 (11)아들 자 (12)발 족 (13)손 수 (14)입 구
(15)지아비 부 (16)목숨 명 (17)발 족 (18)老 (19)命 (20)男
(21)祖 (22)口 (23)手 (24)子 (25)少 (26)足 (27)夫 (28)족
(29)조 (30)로(노) (31)소 (32)부 (33)남 (34)수 (35)자 (36)구
(37)명 (38)남자 (39)노소 (40)수족 (41)생명 (42)조부 (43)인부
(44)사내 남 (45)할아비/조상 조 (46)발 족 (47)늙을 로(노)
(48)손 수 (49)지아비 부 (50)적을/젊을 소 (51)목숨 명 (52)①
(53)③ (54)⑦ (55)⑤ (56)② (57)④ (58)⑥ (59)手 (60)足
(61)老 (62)少 (63)口 (64)命

9장 p.112~114

(1)때 시 (2)낮 오 (3)저녁 석 (4)올 래(내) (5)인간/세상 세
(6)모 방 (7)평평할 평 (8)사이 간 (9)때 시 (10)낮 오
(11)저녁 석 (12)평평할 평 (13)모 방 (14)올 래(내)
(15)인간/세상 세 (16)저녁 석 (17)올 래(내) (18)평 (19)석
(20)시간 (21)오전 (22)내일 (23)세상 (24)사방 (25)중간
(26)평면 (27)올 래(내) (28)인간/세상 세 (29)모 방 (30)때 시
(31)낮 오 (32)평평할 평 (33)저녁 석 (34)사이 간 (35)平 (36)間
(37)世 (38)時 (39)方 (40)夕 (41)來 (42)午 (43)⑦ (44)⑧
(45)⑤ (46)⑥ (47)④ (48)① (49)③ (50)② (51)④ (52)①
(53)⑤ (54)② (55)⑥ (56)③

10장 p.124~126

(1)바/곳 소 (2)성씨 성 (3)오를 등 (4)기록할 기 (5)아니 불
(6)성씨 성 (7)바/곳 소 (8)오를 등 (9)편할 편 (10)이름 명
(11)머무를 주 (12)오를 등 (13)아니 불 (14)오를 등
(15)똥오줌 변 (16)이름 명 (17)기록할 기 (18)일기 (19)등산
(20)주소 (21)성명 (22)불편 (23)주민 (24)등교 (25)등장
(26)장소 (27)不 (28)登 (29)姓 (30)住 (31)便 (32)記 (33)名
(34)所 (35)⑥ (36)⑤ (37)④ (38)① (39)③ (40)⑨ (41)②
(42)⑦ (43)⑧ (44)기록할 기 (45)오를 등 (46)바/곳 소
(47)성씨 성 (48)머무를 주 (49)편할 편/똥오줌 변 (50)이름 명
(51)아니 불(부) (52)불편 (53)변소 (54)불평 (55)부족 (56)①
(57)④ (58)② (59)③ (60)⑤

11장 p.136~138

(1)살 활 (2)매양 매 (3)일 사 (4)효도 효 (5)마음 심 (6)길 도
(7)살 활 (8)매양 매 (9)살 활 (10)힘 력(역) (11)효도 효
(12)마음 심 (13)있을 유 (14)길 도 (15)마음 심 (16)힘 력(역)
(17)있을 유 (18)⑦ (19)⑧ (20)⑥ (21)⑨ (22)① (23)⑤ (24)②
(25)③ (26)④ (27)心 (28)力 (29)每 (30)道 (31)有 (32)活
(33)孝 (34)事 (35)②, ④ (36)힘 력(역) (37)효도 효
(38)마음 심 (39)매양 매 (40)살 활 (41)있을 유 (42)길 도
(43)일 사 (44)인심 (45)효녀 (46)유력 (47)매사 (48)활동
(49)활력 (50)효도 (51)유심 (52)국력 (53)③ (54)④ (55)①
(56)② (57)⑦ (58)⑥

12장 p.148~150

(1)수레 차 (2)밥/먹을 식 (3)주인 주 (4)온전할 전 (5)편안할 안
(6)기 기 (7)수레 차 (8)온전할 전 (9)편안할 안 (10)밥/먹을 식
(11)기 기 (12)무거울 중 (13)안 내 (14)수레 거 (15)안 내
(16)무거울 중 (17)편안할 안 (18)안전 (19)전국 (20)안심
(21)중대 (22)국기 (23)교기 (24)전차 (25)차내 (26)전력
(27)주식 (28)식사 (29)자전거 (30)온전할 전 (31)밥/먹을 식
(32)수레 거/차 (33)기 기 (34)안 내 (35)무거울 중 (36)주인 주
(37)편안할 안 (38)② (39)⑧ (40)⑦ (41)⑤ (42)⑨ (43)⑥
(44)④ (45)③ (46)① (47)旗 (48)安 (49)重 (50)食 (51)全
(52)車 (53)主 (54)內 (55)⑧ (56)⑥ (57)⑤ (58)④ (59)①
(60)⑦ (61)②